EL GRAN ESTOICO

CONTENIDO

¿QUÉ ES EL ESTOICISMO?

El estoicismo es la búsqueda de la serenidad a través del entendimiento y la aceptación de la naturaleza de las cosas. En el corazón del estoicismo yace la distinción entre lo que está y no está en nuestro control, enseñándonos a enfocar nuestras energías sabiamente. El estoicismo enseña que la verdadera libertad es interna, liberándonos de la tiranía de nuestras pasiones y emociones externas. Es una filosofía que aboga por la virtud como el bien más alto, guiando nuestras acciones hacia la justicia, la templanza, el coraje y la sabiduría.

El estoico ve la vida como un campo de entrenamiento para el carácter, donde cada desafío es una oportunidad para cultivar la fortaleza. En el estoicismo, la paz no proviene de la ausencia de problemas, sino de la habilidad de mantener la calma en medio de la tormenta. Esta filosofía nos enseña a aceptar las pérdidas y las adversidades como partes inevitables de la vida, enfrentándolas con dignidad y coraje. El estoicismo invita a la reflexión sobre nuestras propias percepciones, recordándonos que nuestra visión del mundo moldea nuestra experiencia de él. A través del estoicismo, aprendemos que cada momento es una oportunidad para practicar la virtud y mejorar como seres humanos.

Es una llamada a vivir de acuerdo con la naturaleza, no solo la nuestra, sino también la del universo, en armonía con el orden racional que lo gobierna. El estoicismo nos desafía a ser dueños de nuestras respuestas emocionales, no esclavos de ellas. Enseña que la sabiduría verdadera viene del conocimiento de uno mismo y del dominio de nuestras reacciones internas. El estoicismo es el arte de transformar las adversidades en ventajas, buscando siempre el crecimiento personal a través de las pruebas.

Nos insta a valorar más cómo vivimos que cuánto tiempo vivimos, enfocándonos en la calidad de nuestros días, no en su cantidad. El estoico busca la simplicidad, reduciendo la vida a lo esencial para concentrarse en lo que realmente importa. Esta filosofía nos enseña a ser autosuficientes, encontrando satisfacción dentro de nosotros mismos en lugar de en posesiones o elogios externos. El estoicismo nos recuerda que somos ciudadanos del mundo, conectados por la razón y la comunidad humana a todos los seres. Nos anima a enfrentar el futuro con confianza, no con miedo, preparados para aceptar lo que pueda venir con ecuanimidad. El estoico se esfuerza por vivir cada día como si fuera el último, no con tristeza, sino con un enfoque completo en el presente. Es una invitación a liberarnos de las cadenas del deseo y el temor, para vivir con verdadera libertad interna. El estoicismo nos enseña a reconocer la belleza en la aceptación, encontrando paz en el reconocimiento de que algunas cosas simplemente están fuera de nuestro control.

Esta filosofía sostiene que nuestro carácter es nuestro destino, y que, al moldear nuestro carácter, influimos en el curso de nuestras vidas. El estoico se esfuerza por mantener la objetividad, observando la vida y sus desafíos sin dejarse llevar por las emociones pasajeras.

El estoicismo no es una renuncia a las emociones, sino una invitación a entenderlas profundamente y responder a ellas con razón. Nos enseña que la verdadera riqueza no se encuentra en el oro o la plata, sino en la riqueza de un espíritu virtuoso y tranquilo. Es un llamado a enfrentar cada día con un corazón dispuesto a dar y recibir lo bueno y lo malo con igual gratitud. El estoicismo revela que el dolor y la dificultad son maestros disfrazados, cuyas lecciones son esenciales para nuestro crecimiento y comprensión. Esta filosofía nos impulsa a vivir con propósito, a actuar con deliberación y a hablar con verdad y bondad.

Nos invita a ver la vida como una serie de elecciones donde podemos elegir la virtud en cada decisión que tomamos. El estoicismo es una práctica de autoexamen, donde regularmente evaluamos nuestras acciones y motivaciones para alinearlas con nuestros valores más elevados. Nos enseña a valorar la autonomía personal, buscando siempre la libertad que viene de ser dueños de nuestros propios pensamientos y acciones. El estoicismo es una defensa contra la adversidad, un escudo forjado en la fortaleza del alma que nos protege de los golpes del destino. Esta filosofía nos motiva a ser pacientes, a entender que todo en la vida tiene un ritmo y que muchas respuestas llegan solo con el tiempo.

Nos aconseja que veamos cada encuentro con otros como una oportunidad para practicar la compasión, la tolerancia y la justicia. El estoico se esfuerza por ser inmutable ante la alabanza o la crítica, encontrando su valor no en las opiniones de los demás, sino en su propia integridad. El estoicismo nos invita a desafiar nuestros miedos, a enfrentarlos directamente y a desarmarlos con el poder de nuestra razón y convicción. Esta filosofía fomenta la humildad, enseñándonos a aceptar nuestras limitaciones y a aprender de cada experiencia, sin importar cuán difícil sea. El estoico vive con la conciencia de la impermanencia de todas las cosas, lo que le permite apreciar profundamente el momento presente. Nos enseña a ser flexibles en nuestras expectativas, preparados para adaptarnos y responder con gracia a lo inesperado. El estoicismo es una invitación a vivir de manera auténtica, descartando las máscaras sociales y las pretensiones para abrazar nuestro verdadero ser.

El estoicismo es un recordatorio constante de que nuestro poder más grande reside en nuestra capacidad para elegir cómo responder a lo que la vida nos presenta. Nos anima a mantener nuestra integridad bajo presión, aferrándonos a nuestros principios, aunque el mundo intente arrastrarnos.

El estoico encuentra su guía en la razón, un faro constante que ilumina el camino en los momentos de oscuridad y confusión. Esta filosofía aboga por la claridad mental y la serenidad del alma, liberándonos de las cadenas del tumulto emocional. El estoicismo nos enseña que cada obstáculo externo puede ser convertido en un instrumento de nuestro propio desarrollo y fortalecimiento interno.

Nos invita a mirar más allá de las trivialidades del día a día y a enfocarnos en lo eterno y sustancial. El estoico se esfuerza por vivir en armonía con la naturaleza, buscando alinearse con el orden universal en todas sus acciones. Esta filosofía nos prepara para aceptar con gracia tanto los éxitos como los fracasos, sabiendo que ambos son temporales y que lo que realmente importa es cómo los enfrentamos.

El estoicismo es un llamado a ser resilientes, a mantenernos firmes y dignos sin importar las tempestades que enfrentemos. Nos alienta a desprendernos del deseo de controlar todo a nuestro alrededor, enseñándonos a fluir con la vida en lugar de resistirnos a su curso natural. El estoico se ve a sí mismo como un ciudadano del mundo, consciente de su conexión con los demás y comprometido con el bienestar común. Esta filosofía no solo nos enseña a ser fuertes ante la adversidad, sino también a ser gentiles y justos en momentos de poder.

El estoicismo redefine el concepto de éxito, colocando la virtud y la ética por encima de las ganancias materiales y el reconocimiento social. Nos anima a buscar la paz interna como la verdadera prosperidad, en lugar de perseguir incesantemente placeres externos efímeros.

El estoico se ejercita en la autodisciplina no como una carga, sino como una liberación de las pasiones que esclavizan el alma. Esta filosofía nos desafía a enfrentar con valor nuestras sombras internas, transformando nuestras debilidades en pilares de fuerza. El estoicismo nos enseña a valorar el momento presente, abrazando plenamente la vida sin la ansiedad por el futuro o la nostalgia por el pasado. Nos impulsa a tomar responsabilidad completa por nuestras vidas, recordándonos que somos los autores de nuestra propia historia. El estoico ve la adversidad como una escuela vital, donde cada dificultad es una lección en el arte de vivir sabiamente.

Esta filosofía promueve una vida de contemplación y acción, donde cada decisión es meditada y cada acción es intencionada. El estoicismo nos insta a liberarnos de la ira y el resentimiento, promoviendo un corazón perdonador que ve más allá de las ofensas transitorias. Nos enseña la importancia de la congruencia entre nuestras palabras y nuestras acciones, fomentando una vida de autenticidad y coherencia.

El estoico aborda cada relación con respeto y empatía, tratando a los demás con la dignidad que merecen como seres racionales. Esta filosofía es un recordatorio de que, aunque no podemos controlar los eventos externos, podemos controlar nuestras percepciones y reacciones.

El estoicismo nos alienta a ser prudentes en nuestros juicios, lentos para condenar y rápidos para comprender. Nos invita a considerar la impermanencia de todas las cosas, ayudándonos a apreciar la vida y a no aferrarnos demasiado a lo material. El estoico enfrenta la vida con un espíritu indomable, cultivando una resiliencia que nada externo puede quebrantar. Esta filosofía es un viaje hacia la autenticidad, donde cada paso nos acerca más a nuestro verdadero ser, liberado de pretensiones y falsedades.

El estoicismo nos muestra que la simplicidad es el camino hacia la libertad, invitándonos a despojarnos de lo superfluo y a concentrarnos en lo esencial. Nos enseña a mirar cada experiencia, buena o mala, como un regalo que tiene algo valioso que ofrecernos. El estoico practica la gratitud no solo por las bendiciones obvias, sino también por las pruebas que forjan nuestro carácter. Esta filosofía nos anima a ser ejemplos vivos de nuestras creencias, impactando al mundo no solo a través de lo que decimos, sino principalmente por cómo vivimos.

El estoicismo nos impulsa a buscar siempre el bien mayor, a actuar con consideración hacia el bienestar colectivo y no solo el individual. Nos desafía a vivir con honor, recordándonos que nuestra verdadera obligación es con nuestra conciencia y nuestros principios más elevados.

El estoico vive cada día con plena consciencia, consciente de que cada momento es una oportunidad para afirmar o negar su filosofía de vida. Esta filosofía no solo es un escudo contra la adversidad, sino también una espada que nos ayuda a cortar la ilusión y a revelar la verdad. El estoicismo es un llamado a la acción consciente, un rechazo a la pasividad y a la resignación frente a lo que podemos cambiar. Nos enseña que en la moderación y el equilibrio encontramos la verdadera clave para una vida plena y armoniosa.

El estoico es un guerrero de la paz interna, luchando cada día para mantener su centro en un mundo de constantes cambios. Esta filosofía es un faro de esperanza en tiempos de desesperación, recordándonos que tenemos la fortaleza necesaria para superar cualquier desafío. El estoicismo nos invita a ser maestros de nosotros mismos, gobernando nuestras pasiones con la mano firme de la razón. Nos muestra que la serenidad no es una meta lejana, sino un camino que recorremos con cada elección consciente y cada acto de voluntad. El estoico se esfuerza por ser imparcial en el juicio, justo en la acción y ecuánime en la respuesta, buscando siempre la armonía y el equilibrio. Esta filosofía nos reta a ver la vida como una serie de oportunidades para demostrar nuestra virtud y para crecer en comprensión y compasión. El estoicismo es un recordatorio de que, aunque la vida es breve, el legado de una vida vivida con virtud es eterno.

Nos alienta a enfrentar cada nuevo día con un espíritu renovado y con la confianza de que podemos manejar lo que venga con gracia y fortaleza. El estoico abraza cada prueba como una oportunidad para testificar sobre la fortaleza y la tranquilidad que puede surgir de una vida bien ordenada. Esta filosofía nos enseña que el autoexamen es crucial, que debemos mirar constantemente dentro de nosotros mismos para asegurarnos de que vivimos en verdad y virtud.

El estoicismo es un viaje de constante crecimiento, donde cada paso nos lleva más cerca de convertirnos en la mejor versión de nosotros mismos. Nos anima a ser valientes en la búsqueda de la verdad, firmes en nuestra adhesión a la justicia, y persistentes en nuestra práctica de la virtud.

El estoico ve cada interacción humana como una oportunidad para practicar la paciencia, la tolerancia y el entendimiento. Esta filosofía nos reta a ser grandes en pequeñas cosas, a encontrar significado y propósito incluso en los detalles más mundanos de la vida. El estoicismo nos invita a mantener una perspectiva cósmica, recordándonos nuestra pequeñez en el vasto universo y, sin embargo, nuestra capacidad de influir en él grandemente. Nos enseña a ser firmes, pero no rígidos, fuertes, pero no insensibles, comprometidos, pero siempre abiertos a aprender y adaptarnos. El estoico busca la claridad en su pensamiento, la sinceridad en su hablar y la integridad en su actuar, viviendo de manera que su vida misma sea un testimonio de su filosofía. Esta filosofía nos desafía a ser auténticos en un mundo que a menudo premia la apariencia sobre la esencia, a mantenernos verdaderos a nosotros mismos y a nuestros valores.

El estoicismo es un recordatorio de que la sabiduría verdadera no viene del conocimiento acumulado, sino de la capacidad de aplicar ese conocimiento en la vida diaria de manera que promueva el bien y la felicidad. Nos enseña que la verdadera medida de nuestra vida no se encuentra en lo que obtenemos, sino en lo que damos; no en el poder o el prestigio, sino en el amor y el servicio a los demás. El estoico enfrenta la incertidumbre del futuro no con miedo, sino con la confianza de que, pase lo que pase, puede manejarlo con virtud y sabiduría.

Esta filosofía es un llamado a vivir con propósito, con la certeza de que cada momento es precioso y cada acción tiene el potencial de ser un reflejo de nuestros principios más elevados. El estoicismo nos insta a enfrentar cada adversidad no como un obstáculo, sino como un escalón hacia el crecimiento personal y espiritual.

Esta filosofía promueve un enfoque equilibrado de la vida, valorando tanto la acción reflexiva como la contemplación tranquila. El estoico se dedica a una vida de mejora constante, viendo cada día como una nueva oportunidad para fortalecer su virtud. Nos enseña que la verdadera felicidad no depende de las circunstancias externas, sino de nuestro estado interno y nuestra respuesta a esos eventos. El estoicismo nos anima a buscar la justicia y a actuar con equidad, recordándonos que nuestra conducta define nuestro carácter. Esta filosofía nos desafía a mantener una actitud de gratitud, reconociendo y apreciando lo que tenemos en lugar de lamentar lo que nos falta.

El estoico ve cada experiencia, buena o mala, como una oportunidad para aplicar y reforzar sus principios estoicos. Nos motiva a mantenernos firmes en nuestras convicciones, incluso cuando enfrentamos presión o tentación para comprometer nuestros valores.

El estoicismo no es una retirada de la vida, sino una forma más profunda y considerada de participación en ella. Nos enseña a aceptar con gracia tanto los elogios como las críticas, comprendiendo que ambos son transitorios y no deben desviar nuestro camino. Esta filosofía enfatiza la importancia de la coherencia entre pensamiento, palabra y obra, alineando nuestro ser interior con nuestras acciones externas.

El estoico busca siempre la claridad y la verdad, dispuesto a cuestionar incluso sus propias creencias en busca de un mayor entendimiento. Nos invita a vivir con modestia y sencillez, encontrando belleza en lo austero y valor en lo esencial. El estoicismo nos alienta a resistir la complacencia y a abrazar el cambio como un aspecto inevitable y enriquecedor de la vida. Esta filosofía nos exhorta a ser responsables de nosotros mismos, reconociendo que somos los únicos verdaderos guardianes de nuestra mente y espíritu.

El estoico se esfuerza por vivir con propósito y sin arrepentimientos, tomando decisiones conscientes que reflejen sus valores más profundos. Nos enseña a ser resilientes ante el fracaso, viéndolo no como un final, sino como un paso necesario en el camino del aprendizaje y la redención.

Esta filosofía aboga por la paz interior como la mayor forma de riqueza, una que una vez obtenida nunca puede ser robada o perdida. El estoico practica la empatía, esforzándose por entender y compartir los sentimientos de los demás, mientras mantiene su juicio imparcial.

Nos motiva a controlar nuestras pasiones en lugar de ser controlados por ellas, encontrando libertad en la autodisciplina. El estoicismo enseña que el coraje no es la ausencia de miedo, sino la capacidad de actuar adecuadamente a pesar de él. Nos invita a reflexionar sobre nuestra mortalidad, no para provocar tristeza, sino para inspirar una vida más plena y significativa. Esta filosofía sostiene que debemos ser fieles a nosotros mismos, incluso si esto significa estar solos en nuestra postura.

El estoico se adhiere a un optimismo realista, preparado para lo peor pero siempre esperando lo mejor. Nos enseña a encontrar un propósito incluso en el sufrimiento, utilizando el dolor como un crisol para el desarrollo del carácter. Esta filosofía promueve una existencia consciente y deliberada, en la que cada elección es hecha con plena conciencia de sus implicaciones. El estoico abraza tanto el silencio como la palabra, sabiendo cuándo hablar y cuándo es mejor dejar que el silencio hable. Nos alienta a buscar la sabiduría de la vida en todas sus formas, reconociendo que cada persona y cada experiencia tiene algo que enseñarnos. Esta filosofía nos desafía a vivir con integridad, asegurándonos de que nuestras acciones no solo son correctas, sino también buenas y justas. El estoico ve cada día como un lienzo nuevo, una oportunidad para pintar una vida de colores vibrantes y significados profundos. Nos anima a ser prudentes en la adversidad y humildes en la prosperidad, manteniendo un espíritu equilibrado en todas las circunstancias.

Esta filosofía enfatiza la importancia de la adaptabilidad, la capacidad de ajustar nuestras velas cuando los vientos de la vida cambian de dirección. El estoico se esfuerza por ser un faro de estabilidad y confianza, ofreciendo fuerza y consuelo a los demás incluso en tiempos turbulentos. Nos enseña que la mayor victoria es sobre uno mismo, sobre las pequeñas inseguridades y dudas que amenazan con desviarnos. Esta filosofía nos invita a aceptar cada momento con un corazón abierto y una mente clara, sin prejuicios ni expectativas previas.

El estoico practica la constancia, comprometiéndose a mantener un curso constante incluso cuando las tentaciones lo invitan a desviarse. Nos alienta a valorar la simplicidad, encontrando contentamiento en lo poco y apreciando la abundancia de lo mínimo.

Esta filosofía enseña que en la contención se encuentra la verdadera comprensión del mundo y de nosotros mismos. El estoico se dedica a una vida de honestidad radical, donde la verdad es el pilar sobre el cual todo lo demás se construye. Nos insta a enfrentar nuestros miedos y a superarlos, no ignorándolos, sino enfrentándolos con valentía y resolución. Esta filosofía nos impulsa a mantener nuestra dignidad y respeto por nosotros mismos en todas las situaciones, sin importar cuán desafiantes puedan ser.

El estoico busca siempre el conocimiento, pero lo más importante, busca la sabiduría, que es el conocimiento aplicado con amor y razón. Nos enseña a ser dueños de nuestras vidas, tomando responsabilidad completa por nuestros pensamientos, palabras y acciones.

Esta filosofía nos invita a ser serenos en nuestra búsqueda de la vida, a no apresurarnos ni demorarnos, sino a mover nos con un paso medido hacia nuestras metas y aspiraciones. El estoicismo nos anima a mirar hacia dentro para encontrar respuestas, promoviendo una introspección que clarifica y enriquece nuestro entendimiento personal.

Nos recuerda que el verdadero poder reside en la capacidad de controlar nuestras reacciones, no en imponer nuestra voluntad sobre los demás. Esta filosofía abraza la idea de que la vida debe ser vivida con propósito y atención, cada acción reflejando nuestros valores más profundos. El estoico valora la perseverancia, entendiendo que la constancia en el bien hacer es lo que construye un legado duradero y significativo. Nos insta a cultivar la ecuanimidad, manteniendo un equilibrio emocional que nos permite enfrentar tanto el éxito como el fracaso con gracia.

Esta filosofía sostiene que la verdadera sabiduría es conocerse a sí mismo, y que el autoconocimiento es la llave para vivir una vida auténtica y cumplida. El estoico se esfuerza por vivir en armonía con el mundo, buscando la paz no solo para sí mismo, sino también para los demás. Nos enseña que el coraje estoico no se manifiesta sólo en grandes actos heroicos, sino en la valentía diaria de enfrentar la vida con integridad y verdad.

Esta filosofía nos anima a desapegarnos de los resultados, concentrándonos en el esfuerzo y la intención detrás de nuestras acciones. El estoico busca la moderación en todas las cosas, evitando los extremos y buscando siempre el punto medio que conduce al bienestar y al equilibrio. Nos motiva a ser compasivos, recordándonos que todos enfrentamos luchas, y que la bondad es una fuerza que puede aliviar las cargas de los demás. Esta filosofía pide una reflexión constante sobre nuestras acciones, para asegurarnos de que vivimos de manera coherente con nuestros principios. El estoico practica la aceptación, reconociendo que hay cosas en la vida que simplemente no podemos cambiar, y que la resistencia innecesaria solo conduce al sufrimiento. Nos enseña que la integridad es más valiosa que cualquier ganancia material o temporal que podríamos obtener comprometiéndonos.

Esta filosofía enfatiza la importancia de la justicia y la equidad, promoviendo un trato justo para todos, independientemente de su estatus o situación. El estoico se enfrenta a la incertidumbre con una mente firme y un corazón valiente, confiando en su capacidad para adaptarse y responder con virtud. Nos alienta a buscar la serenidad a través del autocontrol, aprendiendo a dirigir nuestras pasiones en lugar de ser dirigidos por ellas. Esta filosofía celebra la resiliencia, la capacidad de recuperarnos y seguir adelante, no importa cuán duros sean los golpes que la vida nos dé. El estoico valora la autenticidad, viviendo de una manera que es fiel a sí mismo y a sus convicciones, sin importar las presiones externas para conformarse. Nos enseña a priorizar nuestras vidas, enfocándonos en lo que verdaderamente importa y dejando de lado lo trivial o lo superficial. Esta filosofía nos invita a vivir con humildad, reconociendo nuestras limitaciones y estando abiertos a aprender de todos y de todo.

El estoico busca el crecimiento personal a través de cada experiencia, viendo la vida como un camino continuo de aprendizaje y evolución. Nos alienta a mantener nuestras convicciones con firmeza, pero sin rigidez, permitiendo espacio para la flexibilidad y el cambio cuando son justificados. Esta filosofía promueve la paciencia, enseñándonos a esperar el momento adecuado para actuar y a perseverar cuando las cosas no se desarrollan como esperábamos.

El estoico reconoce la importancia de las relaciones humanas, esforzándose por construir conexiones que sean profundas y significativas. Nos enseña a enfrentar el sufrimiento no como un enemigo, sino como una parte de la existencia humana que puede enseñarnos mucho sobre la fortaleza y la esperanza. Esta filosofía enfatiza que debemos vivir cada día con plena consciencia, apreciando cada momento y viviendo cada experiencia al máximo.

El estoico se esfuerza por dejar un legado positivo, viviendo de tal manera que su influencia continúe beneficiando a otros incluso después de su partida. Nos anima a ser prudentes en nuestros juicios y decisiones, considerando cuidadosamente las consecuencias de nuestras acciones antes de proceder.

Esta filosofía nos desafía a vivir con valentía, enfrentando nuestros miedos y superando los obstáculos que se interponen en el camino de nuestros ideales. El estoico adopta una visión a largo plazo de la vida, planificando para el futuro mientras vive plenamente en el presente. Nos enseña la importancia de la autodisciplina como herramienta para lograr nuestros objetivos y vivir de acuerdo con nuestros valores más elevados. Esta filosofía nos impulsa a encontrar la paz dentro de nosotros mismos, desarrollando una fortaleza interna que ningún evento externo puede perturbar. El estoico busca vivir de manera coherente y consistente, asegurándose de que sus acciones reflejen siempre sus principios filosóficos. Nos motiva a aceptar el cambio como una constante de la vida, abrazando nuevas experiencias y desafíos con un espíritu abierto y adaptable.

Esta filosofía promueve un enfoque meditativo de la vida, donde la reflexión y la contemplación son fundamentales para la comprensión y la acción. El estoico aborda cada situación con una mente clara y un corazón dispuesto, preparado para enfrentar lo que sea necesario con dignidad y decisión. Nos enseña que debemos ser responsables de nuestro propio bienestar, cultivando hábitos y actitudes que promuevan una vida sana y equilibrada. Esta filosofía destaca la importancia de la responsabilidad personal, animándonos a tomar control de nuestras vidas y a ser los principales agentes de nuestro destino. El estoico se enfrenta a la vida con una mezcla de seriedad y alegría, encontrando placer en el cumplimiento del deber y la práctica de la virtud. Nos anima a ser agentes de cambio positivo, utilizando nuestros principios estoicos para influir y mejorar nuestro entorno. Esta filosofía nos enseña a ver la adversidad como una parte necesaria de nuestra evolución personal, cada desafío como una oportunidad para fortalecernos. El estoico busca siempre la claridad de propósito, asegurándose de que cada acción tenga un significado y esté alineada con sus objetivos más profundos.

Nos insta a vivir con pasión y propósito, pero sin dejar que nuestras emociones dicten nuestras decisiones o acciones. Esta filosofía fomenta un profundo respeto por la vida en todas sus formas, promoviendo una existencia que valore y celebre cada ser y cada momento. El estoico se esfuerza por alcanzar un equilibrio entre el trabajo y el descanso, reconociendo que ambos son esenciales para una vida plena y productiva. Nos enseña a manejar nuestros recursos con cuidado y consideración, buscando siempre la eficiencia y evitando el desperdicio.

Esta filosofía valora la integridad sobre la conveniencia, el estoico se mantiene fiel a sus principios incluso cuando hacerlo es difícil o impopular. El estoico entiende que la verdadera sabiduría viene de la combinación de conocimiento, experiencia y reflexión, y se dedica a cultivar cada uno de estos aspectos. Nos anima a enfrentar cada día con optimismo y determinación, sin dejarnos desalentar por los contratiempos o desilusiones. Esta filosofía nos impulsa a ser ejemplares en nuestras comunidades, liderando con el ejemplo y ayudando a otros a alcanzar su mejor potencial. El estoico reconoce que la verdadera comprensión es un proceso continuo, y se compromete a una vida de aprendizaje y descubrimiento. Nos enseña que la verdadera libertad es interna, alcanzada a través del dominio propio y la liberación de las pasiones destructivas. Esta filosofía nos alienta a abrazar la vida con todo su misterio y maravilla, buscando encontrar significado y alegría en la exploración y el entendimiento. El estoico se enfrenta a la vida con la convicción de que cada momento es precioso y cada acción tiene el poder de moldear el futuro. Nos recuerda que, al final, el estoicismo es un camino hacia la paz, un viaje que nos invita a vivir con dignidad, propósito y armonía con el mundo.

LIBERTAD Y ESTOICISMO

La libertad comienza con la comprensión de que somos los arquitectos de nuestros propios destinos. Solo eres esclavo de tus pasiones y libre en tu razón. La verdadera libertad se logra cuando estamos en control de nosotros mismos y no sometidos a nuestros impulsos. La mente libre no es aquella que vagabundea, sino la que resiste a ser perturbada por las circunstancias. La sabiduría es la herramienta a través de la cual se labra la libertad.

No hay carga más pesada que la de un potencial no realizado; la verdadera libertad es cumplir con nuestro propósito. Aprender a desear menos es liberarse de las cadenas del deseo. La libertad no es la ausencia de compromisos, sino la capacidad de elegir – y comprometerse con lo que es mejor para uno mismo. Las emociones no nos encadenan; nuestras reacciones a ellas sí. Cada acto de autocontrol es un acto de libertad. Cuando nos liberamos de la expectativa, encontramos la paz. La libertad significa vivir en armonía con la naturaleza, no en oposición a ella. No es libre quien huye del destino, sino quien lo abraza conscientemente. El estoicismo no te libera de tus responsabilidades; te libera del miedo. Aceptar lo inevitable es el primer paso hacia la libertad. La auténtica libertad es ser dueño de tu propio juicio. Lo que nos perturba no es lo que sucede, sino nuestro juicio sobre lo que sucede. Ser libre es reconocer lo que está bajo nuestro control y desapegarse de lo que no lo está. La libertad es la recompensa de saber limitar nuestros deseos. No somos arrastrados por los eventos, sino por nuestra interpretación de estos eventos. La serenidad y la libertad se encuentran cuando dejamos de desear que las cosas sean diferentes. La práctica del estoicismo es un ejercicio diario de libertad. Cada momento de autoconciencia es un momento de libertad. El autocontrol es la esencia de la libertad. La libertad se encuentra en la simplicidad y la limitación, no en la abundancia sin restricciones. La sabiduría consiste en distinguir entre lo que necesitamos liberarnos y lo que simplemente deseamos. Una mente disciplinada lleva a una vida libre. La resistencia no es obstinación; es un medio hacia la libertad personal. Libertad es aceptar el pasado, utilizar el presente y liberarse del temor al futuro.

El autoconocimiento es la llave que desbloquea la cadena de la ignorancia. La paciencia es una forma de acción, una clave para la libertad. Encontramos la libertad cuando dejamos de ser el esclavo de nuestras propias expectativas. La verdadera libertad es un acto de equilibrio entre el destino y nuestra voluntad. Al liberarnos del deseo de cosas fuera de nuestro control, encontramos la paz. La verdadera libertad se encuentra en la renuncia al resultado. No es libre el que tiene poder sobre otros, sino el que tiene poder sobre sí mismo. La autodisciplina es la definición más alta de la libertad. La verdadera prueba de nuestra libertad es cómo respondemos al fracaso. La libertad es ser indiferente a las cosas que no dependen de nuestra voluntad. Vivir conforme a la naturaleza es vivir libre. La libertad se gana practicando la justicia, la templanza, el coraje y la sabiduría. La libertad es la capacidad de actuar según la razón, no según las emociones. Enfrentar nuestras dificultades, no evadirlas, es el camino hacia la libertad. La libertad no es hacer lo que queremos, sino querer lo que hacemos. La fortaleza mental proporciona la libertad más duradera. La libertad interior es el fundamento de la fuerza exterior.

La verdadera libertad consiste en un buen flujo de vida. Libertad es la habilidad de aplicar nuestra filosofía en la vida cotidiana. La indiferencia hacia lo trivial es una forma de libertad. La vida libre es aquella guiada por la razón, no por las pasiones. La libertad real viene de la aceptación, no de la resistencia. La autoaceptación es el primer paso hacia la libertad personal. Libertad es estar en control de uno mismo, en cualquier situación.

El autodominio lleva a la libertad definitiva. La libertad se encuentra en la comprensión, no en la posesión. Vivir sin excusas y actuar sin arrepentimientos es vivir libremente. La liberación de la ansiedad es un acto de libertad. La coherencia entre nuestras palabras y acciones es un signo de libertad. La libertad no es la ausencia de compromisos, sino la capacidad de elegir y comprometerse con lo que es verdaderamente valioso.

La simplicidad en la vida lleva a la libertad plena. La aceptación de nuestras limitaciones nos libera para vivir plenamente. Al educarnos sobre nosotros mismos, nos liberamos de muchas ilusiones. La verdadera libertad es estar en paz con uno mismo. Liberarse de la necesidad de aprobación externa es verdadera libertad. La moderación es la clave para una vida libre y sin restricciones. La libertad surge cuando lo innecesario es eliminado. Una vida sin reflexión no vale la libertad de vivirla. La independencia del juicio es la esencia de la libertad. La libertad no es el fin, es el medio para cultivar nuestra virtud. El desapego de los bienes materiales conduce a una mayor libertad. Libertad es encontrar alegría en lo que tenemos, no en lo que deseamos. Al enfrentar nuestros miedos, nos liberamos de ellos. La libertad verdadera involucra responsabilidad, no solo derechos. Es en la naturaleza donde encontramos la receta para la libertad verdadera. El control de uno mismo es la verdadera manifestación del poder libre.

El estoico encuentra libertad en la aceptación, no en la resignación. La constancia en principios y valores conduce a la verdadera libertad. La libertad no viene de alcanzar el poder, sino de entender su naturaleza. Al deshacernos de lo superfluo, abrazamos la libertad. La adaptabilidad es una forma de libertad. La libertad se mide no por las actividades que uno puede emprender, sino por las que puede omitir. La confianza en uno mismo es el cimiento de la libertad personal. El equilibrio entre cuerpo y mente es una puerta a la libertad. No es la opulencia, sino la sabiduría la que ofrece verdadera libertad. La felicidad es un tipo de libertad. Aceptar la muerte es liberarse del miedo a vivir. La justicia es el camino hacia la libertad colectiva. La imperturbabilidad es la marca de la libertad suprema. La libertad verdadera exige coraje, el coraje de ser uno mismo. Un espíritu libre no se deja cautivar por el halago ni la censura. Liberarse de la ira es liberarse de un enemigo. La objetividad es la llave para desbloquear nuestras cadenas internas. La autosuficiencia es la esencia de la libertad. Evitar la envidia es evitar la esclavitud. El contentamiento es una expresión de libertad. Al controlar nuestras percepciones, controlamos nuestra libertad. Liberarse de las falsas creencias es el primer paso hacia la libertad. La independencia emocional es un signo de libertad madura. La ética estoica es una guía hacia la libertad personal.

La vida es libre cuando está alineada con la naturaleza. La tranquilidad llega cuando cesamos de perturbarla con nuestros incesantes deseos. Cada día ofrece la oportunidad de reinicio; no la desperdicies cargando los errores de ayer. Reconoce lo efímero de la vida y encontrarás valor en el acto de vivir conscientemente cada momento. Haz menos promesas y más acciones. Los obstáculos en la vida son oportunidades para probar nuestra virtud. Vive cada día como si fuera el último, pero planea como si fueras a vivir mil años. La paz interior es el verdadero éxito.

No te preocupes por ser recordado, preocúpate por ser digno de recordar. No dejes que el ruido de las opiniones ajenas ahogue tu propia voz interior. La verdadera libertad se logra cuando dominamos nuestros deseos, no cuando ellos nos dominan a nosotros. Encuentra belleza en lo ordinario y sencillez en lo complejo. No es el hombre que tiene poco, sino el que desea más, el que es pobre. Acepta lo que te toca, como lo haría un hombre formado en las leyes de la naturaleza. La serenidad se alcanza cuando se aceptan las cosas que no podemos cambiar. El tiempo es un río que arrastra rápidamente todo lo que nace. Sereno es aquel que acepta lo que el destino le ha asignado.

La vida de un hombre es lo que sus pensamientos moldean. No hay nada permanente excepto el cambio. La mejor venganza es ser diferente a aquel que realizó el daño.

Los actos de hoy no deben ser obstaculizados por los de ayer. Reflexiona frecuentemente sobre la rapidez con la que pasan y se desvanecen tanto el ser como el ser conocido. La medida de un hombre es la medida de las cosas que le importan. Lo que realmente importa no es lo que tenemos, sino cómo usamos lo que tenemos.

Nunca dejes que el futuro te preocupe demasiado; enfrentarás cualquier problema con la misma razón con la que ahora enfrentas el presente. El verdadero arte de la vida es ver lo maravilloso en lo ordinario. La vida es corta, y el arte largo; la ocasión fugaz, la experiencia engañosa, el juicio difícil. No dejes que tu alma sea golpeada por tus males; deja que sean desafíos que te ayuden a crecer. Busca en tu interior; allí está el manantial del bien, y puede siempre surgir si siempre cavas. La ira no es más que una desviación del juicio. Cada dificultad en la vida es un ensayo que nos prepara para los eventos futuros. Elimina el deseo y encontrarás la paz. El universo cambia; la vida es una opinión. Todo lo que te sucede es una forma de instrucción para tu desarrollo personal.

La verdadera generosidad hacia el futuro consiste en entregarlo todo al presente. Haz cada acto de tu vida como si fuera el último. Agradece lo que tienes, y terminarás teniendo más. Lo que no es útil para el enjambre no es útil para la abeja. No hay nada más fuerte que la gentileza y nada más gentil que la verdadera fuerza. El progreso es no solo posible, sino inevitable. Un hombre no puede perder ni un momento si disfruta cada momento. No esperes a que te ocurran cosas extraordinarias; lo extraordinario consiste en el modo en que vives los momentos comunes. No te conformes con ser solo el resultado de tu pasado; intenta ser el arquitecto de tu futuro. Los eventos no son perturbadores por sí mismos, sino por la importancia que les damos. La perfección de carácter consiste en vivir cada día como si fuera el último, sin agitación, sin apatía, sin falsedad. La vida humana es una chispa en la eternidad. Cuando actúes, actúa como si todo dependiera de ti; cuando ores, ora como si todo dependiera de los dioses. El verdadero placer está en hacer lo que se supone que debemos hacer. Nada es suficiente para el hombre para quien lo suficiente es poco. Si quieres algo bueno, obtenlo de ti mismo.

Los eventos externos no tienen poder sobre ti; solo tu reacción a ellos tiene poder. La calidad, no la longitud, de la vida es lo que importa. La dignidad personal radica en depender de uno mismo. El progreso es más acerca de dirección que de velocidad. No busques el mal en los demás; busca el error en ti mismo. No es más libre quien tiene más opciones, sino quien necesita menos. No somos responsables de las acciones de otros, sino de nuestras propias reacciones. El mayor regalo de la vida es la capacidad de pensar, actuar y amar. Si algo es endurable, entonces soportarlo no tiene nada de malo, y si no es endurable, entonces quejarse no tiene ningún sentido. No te conviertas en esclavo de tus deseos; hazte, amigo de tus necesidades.

La virtud se encuentra en evitar los extremos y en la moderación de nuestras acciones y pensamientos. Cada momento es una cruzada donde podemos ser héroes de nuestra propia historia. Una vida satisfecha es mejor que una exitosa. Sé indulgente con los demás y estricto contigo mismo. El secreto del éxito es la constancia del propósito.

No son las cosas las que nos perturban, sino nuestras interpretaciones de su significado. La sabiduría verdadera consiste en no perturbarse en circunstancias difíciles. El miedo surge de la falta de razón; la valentía nace de una razón sólida. La disciplina es recordar lo que quieres.

La felicidad de tu vida depende de la naturaleza de tus pensamientos. No se puede vivir una vida plena sin dedicarse a ayudar a los demás. Acepta los desafíos para que puedas sentir el éxtasis de la victoria. La mejor manera de predecir el futuro es crearlo. Un hombre debe ser suficiente en sí mismo, no en sus circunstancias.

El valor de una vida se mide por cuántas veces tu alma ha sido profundamente conmovida. Lo que sucede una vez puede no volver a suceder, pero lo que sucede dos veces sucederá seguramente una tercera. No te atormentes con tus propias imaginaciones. La vida es más como un combate que un baile. La práctica constante es el fundamento de la excelencia.

Las dificultades fortalecen la mente, como el trabajo hace al cuerpo. La muerte no afecta al que ha muerto tanto como al que queda, y no en absoluto de la manera en que este piensa. Haz cada acto de tu vida como si fuera tu obra maestra. No es tanto lo que vemos, sino cómo lo vemos. Sé dueño de tus emociones; no dejes que ellas te posean. No basta con hacer lo bueno; uno debe hacerlo de la manera correcta. La libertad comienza donde termina la ignorancia. Es esencial preguntarse con frecuencia, "¿Es esto necesario?"

La vida no es más que un día repetido. La compasión hacia otros es compasión hacia uno mismo. No trates de navegar por un mar que aún no ha llegado. Uno encuentra límites al intentar enseñarle a un burro a trotar. Tu vida es lo que tus pensamientos hacen de ella.

Quien vive en armonía con él mismo, vive en armonía con el universo. Si no es justo, no lo hagas; si no es verdad, no lo digas. Prepárate para ser pasado por alto; la verdadera prueba de carácter es la humildad. No esperes el juicio final. Sucede todos los días. La gracia de la vida es cruzar sin perturbar un río en calma. Ama como si fueras a morir mañana; aprende como si fueras a vivir para siempre. Las cosas que no dependen de nosotros no son ni buenas ni malas. El pasado y el futuro tienen sus reguladores en el presente. Lo que resistes persiste; lo que enfrentas se desvanece.

ESTOICISMO Y AUTOCONTROL

El autocontrol es el verdadero poder del ser humano, el dominio sobre las pasiones que nos distraen de nuestra verdadera naturaleza. En la tranquilidad de la mente se encuentra la fortaleza que necesitamos para enfrentar cualquier tormenta que la vida nos presente. El primer paso hacia la libertad es un simple acto de autocontrol, una decisión consciente de no ser gobernado por nuestras emociones.

A menudo, en el silencio de la meditación, descubrimos la fuerza para resistir las tentaciones que nos rodean. El autocontrol comienza con la aceptación de que solo nosotros somos responsables de nuestras reacciones, no las circunstancias. En el núcleo de nuestra alma, un fuego arde, alimentado por la virtud y la razón, no por los vientos cambiantes de nuestros deseos.

Cada decisión de abstenernos, cada momento en que decimos "no" a nuestros impulsos, es una victoria en el arte del autocontrol. La paz no se encuentra en la ausencia de conflicto, sino en la presencia de autocontrol. El verdadero campo de batalla está dentro de nosotros, donde constantemente luchamos por el dominio entre la razón y el caos. La verdadera marca de la sabiduría no es el conocimiento, sino la capacidad de controlar nuestras pasiones. A través del autocontrol, nos hacemos arquitectos de nuestras propias vidas, no víctimas de nuestros instintos.

La serenidad es el fruto del autocontrol, un regalo que solo nosotros podemos otorgarnos a través de la disciplina diaria. En cada momento de tentación, recuerda que el autocontrol es la puerta hacia tu mejor yo. El dominio de uno mismo es la verdadera prueba de la libertad; sin él, somos eternos esclavos de nuestras propias pasiones. Cada acto de autocontrol es un acto de fe en uno mismo y en el poder de nuestra voluntad superior. No hay mayor dominio que el que ejercemos sobre nuestros propios pensamientos y deseos. El autocontrol es un ejercicio de alineación, donde cada pensamiento, cada acción, se calibra con los valores más elevados de nuestra alma.

La disciplina es el camino hacia la libertad; sin ella, estamos perpetuamente enredados en nuestras propias debilidades. La capacidad de controlarnos a nosotros mismos determina no solo lo que somos capaces de lograr, sino también quiénes somos capaces de ser. En la moderación de nuestros deseos yace el secreto del autocontrol y, a su vez, el secreto de la paz.

Cada momento de resistencia a nuestros impulsos es una declaración de independencia del alma. El autocontrol es la manifestación más alta de la valentía, una valentía que no se ve en los campos de batalla, sino en la quietud de nuestras decisiones cotidianas. Quien puede controlar su lengua en un momento de ira, puede conquistar casi cualquier otro desafío en la vida. La fuerza más poderosa en el universo no es el acero ni la piedra; es la fuerza de voluntad inquebrantable de un ser humano. El dominio de nuestras pasiones es el comienzo del camino hacia el dominio de la vida. El autocontrol no es una restricción de la libertad, sino su expresión más completa, liberándonos de la esclavitud de las reacciones impulsivas.

La calma en la adversidad es el resultado directo del entrenamiento en el arte del autocontrol. La grandeza de una persona puede medirse por lo que desecha, por lo que se abstiene de hacer y decir. La verdadera libertad comienza con el dominio de uno mismo, con la capacidad de dirigir nuestras vidas según nuestros principios, no nuestras pasiones. En el corazón del autocontrol yace la promesa de la paz eterna y el cumplimiento de nuestro potencial humano.

El autocontrol es una fortaleza silenciosa, un guardián que protege la dignidad y la sabiduría en nuestras vidas. Al rechazar la gratificación instantánea, nos comprometemos con un futuro más gratificante y significativo. La medida de nuestro autocontrol se revela no en los momentos de calma, sino en los de tentación y turbulencia.

El autocontrol es la esencia de la virtud humana; sin él, todas nuestras otras virtudes están en peligro. Dominar nuestras propias pasiones es más desafiante y heroico que dominar a otros en batalla. Cada acto de autocontrol nos acerca un paso más a la persona que aspiramos ser. El verdadero poder se demuestra al controlar nuestros deseos más ardientes y dirigirlos hacia fines nobles.

El autocontrol nos libera de ser meramente reactivos, permitiéndonos ser creadores conscientes de nuestro destino. La autodisciplina es la base sobre la cual se construyen todas las grandes obras, tanto internas como externas. Cuando dominamos nuestras reacciones, somos verdaderamente libres, independientemente de las circunstancias externas. El autocontrol es la puerta de entrada a una vida de integridad y honor, sin la cual ningún éxito es verdaderamente valioso. Al mantener el control sobre nuestros impulsos, mantenemos el timón de nuestras vidas, guiando con propósito y deliberación.

La disciplina es la mejor amiga del hombre; sin ella, somos como un barco sin timón, a merced de cada viento. El autocontrol no solo mejora nuestra vida, sino que también es un regalo de paz y estabilidad para los que nos rodean. A través del autocontrol, encontramos la claridad de mente y propósito necesarios para superar cualquier obstáculo. El ejercicio del autocontrol es una práctica diaria, un arte que perfeccionamos a lo largo de la vida. En la lucha contra nuestras propias debilidades, el autocontrol es nuestra arma más efectiva y nuestra defensa más segura.

La paciencia es una forma de autocontrol, una aceptación tranquila del tiempo necesario para que las cosas crezcan y maduren. Quien busca el control externo sin haber logrado el control interno, está destinado al fracaso. El autocontrol es la verdadera medida de la fuerza de un hombre, mucho más que cualquier exhibición de poder o influencia. Al reinar sobre nosotros mismos, nos hacemos aptos para reinar sobre un reino, si tal deber nos fuera conferido. La esencia de la sabiduría es el autocontrol, que nos guía para evitar el exceso y buscar el equilibrio en todos los aspectos de la vida. El autocontrol nos permite disfrutar de los placeres de la vida sin ser esclavizados por ellos. La virtud del autocontrol es la guardiana de todas las demás virtudes, protegiéndolas de la corrupción del exceso. El verdadero liderazgo comienza con el liderazgo de uno mismo, con la habilidad para gestionar nuestras pasiones y dirigir nuestras energías de manera constructiva.

El autocontrol es como un músculo que se fortalece con el uso; cuanto más lo practicamos, más fuerte se vuelve. En el reino del espíritu, el autocontrol es el monarca, dictando leyes que, si se siguen, traen paz y orden a todo el ser. La serenidad es un fruto del autocontrol, creciendo a partir de la semilla de la disciplina consciente. Al cultivar el autocontrol, nos elevamos por encima de nuestras condiciones animales y abrazamos nuestra verdadera naturaleza racional y espiritual. No hay tesoro más grande que el dominio de uno mismo, que brinda seguridad y satisfacción que el oro no puede comprar.

El autocontrol es un escudo contra la tentación, una fortaleza que protege nuestros ideales más elevados de los asedios de nuestros deseos más bajos. Cada momento de autocontrol deja un residuo de fuerza que se acumula en el alma, fortaleciéndola contra futuras pruebas. El dominio propio es la coronación de la mente racional y la llave maestra que abre el camino hacia el crecimiento y la excelencia personal. Al someter nuestros deseos más básicos a la razón, vivimos no como esclavos de nuestros apetitos, sino como libres artífices de nuestra felicidad. El autocontrol es la firma del alma avanzada, el distintivo de aquellos que están en camino hacia la sabiduría superior. A través del autocontrol, nos convertimos en maestros de nuestro propio destino, capaces de moldear nuestra vida como un escultor su arcilla. En la arena de la vida, el autocontrol es nuestra mejor defensa y nuestra arma más efectiva. El autocontrol es un acto de rebelión contra el caos interior, un desafío a las fuerzas que buscan derribarnos. Quien puede controlar su ira ha ganado una de las batallas más difíciles que el hombre puede enfrentar.

El autocontrol nos ofrece una visión clara en medio de la confusión, una estabilidad en medio de las tormentas de la vida. La verdadera independencia viene del dominio de uno mismo, de la capacidad de vivir conforme a nuestros propios principios sin ser perturbados por las pasiones desenfrenadas. El autocontrol es el comienzo del verdadero poder, la raíz de todo carácter fuerte y la fuente de toda realización duradera. La disciplina de uno mismo lleva a la paz de uno mismo, y en esa paz, se encuentran todas las posibilidades de crecimiento y felicidad. En cada decisión de posponer la gratificación inmediata en favor de un bien mayor, practicamos el noble arte del autocontrol. El autocontrol es la alquimia que transforma los impulsos en oraciones, las pasiones en propósitos. En la maestría de nuestras pasiones yace la llave para desbloquear nuestro potencial más elevado.

El autocontrol es tanto un regalo que nos damos a nosotros mismos como un legado que dejamos a otros, un ejemplo de cómo se puede vivir la vida. Al ejercer el autocontrol, trazamos un mapa hacia un destino de mayor virtud y satisfacción. El autocontrol no es simplemente la supresión de deseos, sino la reorientación de esos deseos hacia lo bueno, lo verdadero y lo bello. Cada elección consciente de rechazar un placer menor por un bien mayor es un acto de heroísmo personal, una pequeña victoria en la batalla por el autocontrol. El autocontrol nos rescata del arrepentimiento, guiándonos por un camino de decisiones conscientes y consecuencias positivas. Al dominar nuestros deseos, no los reprimimos, sino que los elevamos, alineándolos con nuestros ideales más elevados. El autocontrol es una forma de amor propio, un respeto por uno mismo que se manifiesta en la elección de lo que realmente enriquece y sostiene. En la disciplina de nuestro ser, en el control de nuestras acciones y pensamientos, encontramos la esencia de la vida bien vivida. La verdadera batalla es interna; el autocontrol es nuestra defensa contra las fuerzas internas que amenazan con desviarnos.

El autocontrol es la expresión máxima de la autonomía humana, la prueba de nuestra capacidad para dirigir nuestra propia narrativa. Cuando elegimos el autocontrol, elegimos influir en el mundo no solo a través de nuestras acciones, sino a través del poder de nuestro ejemplo. El autocontrol no es una negación de la libertad, sino su afirmación más auténtica, permitiéndonos vivir deliberadamente y no por accidente. La esencia del liderazgo es el autocontrol; sin él, ningún liderazgo puede ser efectivo ni ético.

A través del autocontrol, convertimos el caos de nuestras pasiones en el orden de nuestro propósito. El autocontrol es el arte de alinear la brújula del corazón con las estrellas de nuestros ideales más elevados. En la economía del carácter, el autocontrol es la moneda más valiosa, comprando respeto, confianza y autoridad moral. Al cultivar el autocontrol, cultivamos todo lo que es necesario para una vida plena y virtuosa. El autocontrol es la custodia que mantenemos sobre nuestra propia alma, asegurándonos de que sus tesoros no sean malgastados. En el autocontrol encontramos la libertad de ser nuestros mejores yos, sin ser esclavizados por nuestras peores tendencias. Cada acto de autocontrol construye un muro de protección alrededor de nuestra paz interior. El autocontrol es una danza de restricción y liberación, en la que aprendemos cuándo decir no para poder decir sí a lo que realmente importa. En el teatro de la vida, el autocontrol nos permite escribir nuestros propios guiones en lugar de ser meros actores en los dramas de otros.

El autocontrol es la firma de la sabiduría práctica, la capacidad de aplicar nuestros principios a las presiones del momento. A través del autocontrol, no solo gestionamos nuestras vidas, sino que también damos forma al legado que dejaremos. El autocontrol es la clave que abre la puerta a la sabiduría, manteniendo fuera a los intrusos del desorden y la irracionalidad. Cada ejercicio de autocontrol es una piedra en el edificio de nuestro carácter, fortaleciendo la estructura de nuestra vida. En la pausa antes de actuar y en el silencio antes de hablar, hallamos los momentos más poderosos de autocontrol.

El autocontrol nos ofrece una visión clara, permitiéndonos ver las consecuencias de nuestras acciones antes de que se desplieguen. El dominio de uno mismo es el más noble de los artes, pues de él dependen todos los demás éxitos y virtudes. El autocontrol es una forma de respeto hacia uno mismo y hacia los demás, una prueba de nuestra madurez y consideración. Al elegir la vía del autocontrol, elegimos también la ruta hacia la paz interna y la armonía externa. La verdadera valentía a menudo reside no en la acción, sino en la contención, en el poder de no actuar impulsivamente. El autocontrol es el escudo que nos protege de las flechas de la provocación y el deseo. Quien domina sus pasiones descubre un tesoro de energía y enfoque para perseguir sus verdaderos objetivos en la vida.

El autocontrol es la puerta dorada hacia la serenidad; quien la atraviesa encuentra un jardín de paz. La habilidad de contener nuestros peores impulsos es tan importante como la habilidad de promover nuestros mejores impulsos. Cada momento de autocontrol nos enseña más sobre nosotros mismos, revelando la fuerza y la sabiduría que poseemos. El autocontrol no solo mejora nuestra vida, sino que también eleva las vidas de aquellos a nuestro alrededor. En el autocontrol encontramos la clave para desbloquear el potencial completo de nuestra mente y espíritu. La disciplina propia es la madre de todo éxito, alimentando nuestras aspiraciones con la sustancia del orden y la previsión. El autocontrol es la manifestación de la verdadera fuerza interior; sin él, somos como barcos sin anclas.

Cada acto de autocontrol es un acto de creación, moldeando nuestra vida hacia una obra de arte digna de ser vivida. Quien se controla a sí mismo puede aprender a controlar cualquier situación, convirtiéndola de un desafío en una oportunidad. El autocontrol nos libera de la prisión de la reactividad, permitiéndonos responder a la vida con deliberación y gracia. En el dominio de nuestros deseos radica la libertad verdadera, liberándonos para perseguir lo que verdaderamente importa. El autocontrol es el fundamento sobre el cual se construyen relaciones sólidas y duraderas, tanto personales como profesionales. Cada decisión tomada desde el autocontrol es una semilla plantada para el futuro, creciendo hacia un jardín de equilibrio y satisfacción.

El autocontrol es el acto más puro de autonomía personal, un testimonio de nuestra capacidad para gobernarnos a nosotros mismos. En la tempestad de la tentación, el autocontrol es el faro que nos guía hacia puertos seguros. Quien puede dominar sus emociones puede negociar la vida con la habilidad de un diplomático y la sabiduría de un filósofo. El autocontrol es una obra maestra pintada en el lienzo del tiempo, cada pincelada una elección, cada color una decisión. La serenidad no es la ausencia de la tormenta, sino la presencia de autocontrol en medio de la tormenta. El autocontrol nos permite transformar el potencial en realidad, la posibilidad en logro. En cada acto de autocontrol, declaramos nuestra independencia de las fuerzas externas y afirmamos nuestro derecho a la autodeterminación. La verdadera libertad se encuentra en el autocontrol, pues sin él, somos esclavos de nuestras propias debilidades.

El autocontrol es la expresión más alta de la dignidad humana, mostrando respeto por nosotros mismos y por las leyes del universo. Al mantener el control en momentos de desafío, demostramos no solo nuestra fortaleza, sino también nuestra compasión y comprensión. El autocontrol es el arte de convertir los impulsos en inspiraciones, canalizando nuestras energías hacia aspiraciones más altas. Quien practica el autocontrol se construye un castillo de paz, protegido contra las invasiones de la confusión y el desorden. El autocontrol no es una restricción impuesta, sino una elección liberadora que nos alinea con nuestros valores más profundos. En la gestión de nuestras pasiones, encontramos el camino hacia la verdadera autoexpresión y realización personal. El autocontrol es el timón que nos permite navegar por el río de la vida, dirigiendo nuestras energías hacia metas valiosas.

Cada día que vivimos con autocontrol es un día que vivimos en plenitud, completamente presentes y comprometidos con la vida. La disciplina de uno mismo no es un acto de supresión, sino de elevación, elevando nuestra naturaleza a su expresión más alta. El autocontrol nos enseña que la mayor victoria no es sobre los demás, sino sobre nosotros mismos.

En el ejercicio del autocontrol, encontramos el equilibrio entre ser y hacer, entre aceptar y aspirar. El autocontrol es la balanza en la que pesamos nuestras decisiones, asegurándonos de que cada una refleje nuestro verdadero ser. Quien se adhiere al autocontrol se adhiere a la ruta hacia el éxito sostenible y la verdadera satisfacción. El autocontrol nos permite ser los maestros de nuestro destino, los capitanes de nuestra alma, en lugar de meros pasajeros en el viaje de la vida.

En cada decisión de autocontrol, honramos nuestra visión más elevada y damos un paso hacia su realización. El autocontrol es la joya más preciosa de la corona de la virtud, resplandeciente con el brillo de la integridad y la autenticidad. Cada momento de autocontrol es una medalla de honor en el servicio de nuestra evolución personal. En el silencio del autocontrol, escuchamos la voz más clara de nuestra conciencia, guiándonos hacia el bien y lo justo. El dominio de uno mismo es el regalo más grande que podemos ofrecer al mundo, pues a través de él, ofrecemos la mejor versión de nosotros mismos. El autocontrol es el punto de encuentro entre la aspiración y la realidad, el lugar donde nuestros sueños se convierten en planes y nuestros planes en acciones. En la práctica del autocontrol, cada día es una victoria, cada hora un triunfo, cada momento una celebración de nuestra capacidad de dirigir nuestra vida. El autocontrol nos otorga la autoridad para liderar con el ejemplo, mostrando el camino no solo con palabras, sino con cada acto de nuestra existencia.

Al elegir el autocontrol, elegimos también la integridad y la coherencia, asegurando que nuestras acciones reflejen nuestros principios más profundos. El autocontrol es el himno de nuestra independencia, cantado con cada decisión que tomamos libre de la tiranía de los impulsos desenfrenados. En el jardín del espíritu, el autocontrol es tanto el jardinero como la cerca, cuidando y protegiendo el crecimiento de nuestras virtudes. El autocontrol es el cimiento sobre el cual se construyen todos los logros duraderos, sosteniendo nuestras ambiciones con la fuerza de nuestra voluntad. Cada acto de autocontrol es una declaración de autoestima, un reconocimiento de nuestro propio valor y potencial. El autocontrol es la antorcha que ilumina el camino hacia adelante, disipando las sombras de la duda y la incertidumbre.

Quien domina el arte del autocontrol, se convierte en un escultor de su propio carácter, modelando su ser con deliberación y propósito. En el reino del autocontrol, cada elección es un acto de soberanía, cada decisión un decreto de nuestra autodeterminación. El autocontrol no es solo una práctica personal, sino un servicio público, pues al controlarnos a nosotros mismos, contribuimos al bienestar y la armonía de todos. Al ejercer el autocontrol, afirmamos nuestro respeto por nosotros mismos y por el orden natural de las cosas. El autocontrol es la expresión suprema de la humanidad, la habilidad de trascender nuestros instintos para alcanzar algo más grande. En la disciplina de nuestros deseos, encontramos la libertad para perseguir nuestras pasiones más nobles y significativas.

El autocontrol es el puente sobre el que cruzamos de lo que somos a lo que podemos ser, de lo real a lo ideal. Cada ejercicio de autocontrol es un paso hacia adelante en nuestro viaje hacia la excelencia y la autenticidad. El autocontrol nos enseña la diferencia entre querer y necesitar, entre el deseo superficial y el anhelo profundo. En el autocontrol encontramos la fuerza para resistir lo que nos debilita y abrazar lo que nos fortalece. El autocontrol es la alquimia que convierte los impulsos en oportunidades, la reactividad en creatividad. Quien practica el autocontrol se convierte en un maestro en el arte de vivir, capaz de disfrutar plenamente de cada experiencia sin ser esclavizado por ella.

El autocontrol es la clave maestra que desbloquea todas las puertas de la oportunidad y el potencial. En el autocontrol, encontramos no solo la moderación, sino también la medida de nuestro verdadero poder. El autocontrol nos permite enfrentar cada nuevo desafío con una mente clara y un corazón tranquilo, sabiendo que tenemos el poder de elegir nuestra respuesta. Cada acto de autocontrol es un testimonio de nuestra fe en nosotros mismos y en nuestras capacidades para moldear nuestra vida. En el corazón del autocontrol yace la paz; en su práctica, la realización de nuestras más altas aspiraciones. El autocontrol es la moneda con la que compramos el respeto de otros y el autorespeto, la base de toda relación verdadera y duradera. Quien se conduce con autocontrol camina con los dioses, pues ha alcanzado el pináculo de la naturaleza humana. El autocontrol es el arte de negociar con nosotros mismos, de encontrar el equilibrio entre lo que el corazón desea y lo que la razón dicta. En cada decisión guiada por el autocontrol, manifestamos nuestra alma más elevada, nuestra versión más divina. El autocontrol es el río caudaloso que talla el cañón de nuestro carácter, dejando tras de sí un paisaje de integridad y fortaleza.

Quien se adentra en el estudio del autocontrol descubre los secretos de la mente y el espíritu, desbloqueando las puertas del entendimiento y la compasión. En el templo del autocontrol, cada pensamiento, palabra y acción se ofrece como un sacrificio al ideal de quiénes podemos ser. El autocontrol nos desafía a ser más que meros seres reactivos, a convertirnos en creadores conscientes de nuestra realidad. Cada acto de autocontrol deja una huella en el universo, un legado de orden en medio del caos. El autocontrol es una forma de arte, la habilidad de componer una sinfonía desde las notas dispares de nuestras tendencias y deseos. Quien domina el autocontrol conquista más que ciudades o naciones: conquista su propia naturaleza fluctuante y la transforma en algo grande. En el autocontrol encontramos un refugio seguro contra las tormentas de la impulsividad y la precipitación. El autocontrol es la esencia de la ética; sin él, nuestras decisiones son poco más que reacciones al entorno. Cada ejercicio de autocontrol es una afirmación de nuestra soberanía personal, un acto de gobierno propio. El autocontrol es el acto definitivo de optimismo, una apuesta por la capacidad del ser humano de cambiar y mejorar.

En la práctica del autocontrol, cada día es una página escrita con deliberación en el libro de nuestra vida. Quien se adhiere al autocontrol encuentra en él un amigo fiel, un consejero sabio y un protector firme. El autocontrol nos ofrece un panorama claro desde la cima de nuestra conciencia, donde podemos ver más allá de las distracciones del momento. En cada elección controlada, nos alineamos con el cosmos, participando en el orden divino mediante nuestras acciones deliberadas.

El autocontrol es la linterna que ilumina el camino hacia adelante, mostrándonos las trampas de la excesiva indulgencia y los peligros del descuido. Quien cultiva el autocontrol cultiva un jardín cuyos frutos son la serenidad, la claridad y la decisión. En el autocontrol encontramos no solo la prevención de errores, sino también la promoción de la excelencia. Cada acto de autocontrol es un verso en el poema de nuestra vida, un verso que habla de orden, propósito y belleza. El autocontrol es la estrella que guía, el faro constante que nos lleva hacia la realización de nuestro potencial más elevado y hacia la verdadera libertad.

DOLOR Y ESTOICISMO

El dolor, como cualquier otra sensación, es una prueba de nuestra fortaleza y un recordatorio de nuestra capacidad para superar las adversidades. Recuerda que el sufrimiento surge más de tus juicios que de los hechos mismos. Revisa tus pensamientos y encontrarás alivio. Aprende a ver el dolor como un maestro. ¿Qué lecciones puede enseñarte sobre la paciencia, la resiliencia o la compasión? No permitas que el dolor domine tu mente; en su lugar, úsalo como un instrumento para fortalecer tu voluntad y clarificar tus prioridades.

Como las olas en el mar, el dolor viene y va. Mantén tu compostura en su presencia y regresarás a la calma cuando se retire. La adversidad es el crisol en el que se forja el verdadero carácter. Enfrenta el dolor con dignidad y emergerás más refinado y sabio. Aceptar el dolor como parte de la vida es liberarte de la tiranía de evitarlo a toda costa. La resistencia al dolor amplifica su efecto. Al aceptarlo, le quitas poder sobre ti y lo reduces a su verdadera medida. El dolor, cuando se enfrenta con valor, pierde su veneno y se convierte simplemente en una experiencia más de la vida. La naturaleza nos ha equipado con la capacidad de soportar. Usa ese regalo no para huir del dolor, sino para caminar a través de él. Encuentra el valor para saludar al dolor como a un viejo conocido. Aprenderás que su mordida es menos temible cuando lo conoces bien. Cada momento de sufrimiento es una oportunidad para demostrar que tus principios son más fuertes que tus circunstancias. En el teatro de la vida, el dolor es un actor necesario. Sin él, no podríamos apreciar plenamente las alegrías ni comprender la plenitud de nuestra existencia. No te definas por el dolor que sientes; defínete por cómo respondes a él. La serenidad no se encuentra en la ausencia de dolor, sino en la habilidad para mantener la calma dentro de él. Si puedes aprender de él, ningún dolor va en vano. Busca el significado y encontrarás el propósito incluso en el sufrimiento.

La mente puede hacer un cielo del infierno, o un infierno del cielo. Escoge tu cielo al reinterpretar el dolor como un desafío en lugar de una maldición. La naturaleza nos desafía con el dolor, pero también nos da la capacidad de sobreponernos y crecer a partir de él. Cada lágrima enseña una lección, cada suspiro profundo lleva a una mayor comprensión. El dolor temporal puede ser el precio del crecimiento a largo plazo. Paga con valentía y cosecha con sabiduría. El dolor es una sombra pasajera sobre un espíritu que es, por naturaleza, luminoso y eterno.

Aceptar que el dolor es parte de tu camino te libera para responder a él sin miedo. La vida nos exige a veces precios altos, pero la sabiduría que obtenemos es un tesoro que compensa cualquier coste. Al mirar hacia atrás, a menudo descubrirás que los momentos más dolorosos trajeron consigo las semillas del crecimiento personal más significativo. No temas al dolor; teme a una vida no vivida por evitar el sufrimiento. La verdadera libertad incluye la libertad de experimentar dolor sin ser quebrantado por él.

El dolor compartido es dolor disminuido; habla de él abiertamente y hallarás consuelo en la comprensión de los demás. Reconoce que el dolor es simplemente una parte de la condición humana, y te sentirás menos solo en tu sufrimiento. La dignidad en el sufrimiento es un acto de rebelión contra el desespero. Cada dolor nos recuerda que somos mortales, pero cada acto de superación nos recuerda que somos inmensamente poderosos. El dolor es el toque de atención que nos saca de la complacencia y nos empuja hacia la auténtica profundidad de la vida.

A veces, el dolor es el precio de un gran amor y una profunda conexión con los demás. La capacidad de soportar el dolor es una medida de nuestra fuerza interna. No puedes elegir evitar el dolor, pero puedes elegir la grandeza con la que lo enfrentas. El dolor físico nos alerta de que algo necesita atención; el dolor emocional no es diferente. En el silencio del dolor, escucha la sabiduría que murmura. La paciencia es el antídoto contra el sufrimiento; aplícala generosamente y el dolor se aliviará. No permitas que tu dolor de hoy borre las alegrías de tu pasado ni las posibilidades de tu futuro. Cuando el dolor llama a tu puerta, deja que tu valor abra la puerta.

El dolor es un fuego que purifica, dejándote más limpio, más claro y listo para enfrentar el mundo. Observa tu dolor con curiosidad en lugar de miedo; transforma lo que podría ser un enemigo en un maestro. Aunque el dolor parece un enemigo, en realidad es un compañero que camina contigo, enseñándote sobre la fragilidad y la fortaleza humanas. Encuentra el propósito en tu dolor y ya no te sentirás abrumado por él. El dolor nos corta, pero también nos talla en figuras de mayor fuerza y resolución. Ningún invierno dura para siempre; tampoco ningún dolor. En cada experiencia de dolor, hay una posibilidad de renacimiento.

El dolor es inevitable, pero el sufrimiento es opcional. Escoge sabiamente. Un corazón que nunca ha sido herido es un corazón que nunca ha conocido la plenitud de la vida. La valentía no es la ausencia de dolor, sino la elección de seguir adelante a pesar de él. El dolor te enseña a valorar la alegría más dulcemente, como la sombra enfatiza la luz.

El dolor que enfrentamos esculpe nuestra alma, moldeándola con la textura de nuestra experiencia vivida. Cada batalla contra el dolor es una victoria sobre uno mismo. El dolor es un recordatorio crudo pero necesario de que aún estamos vivos y por tanto capaces de cambiar, de luchar y de crecer. No hay que menospreciar el dolor, pues a menudo es el preludio de un profundo entendimiento personal y espiritual.

En la quietud del dolor, podemos encontrar la fuerza para recalibrar nuestra vida hacia un propósito más grande. La aceptación del dolor puede abrir puertas que el miedo había cerrado. Atravesar el dolor con gracia es el acto más poderoso de autoafirmación. Permítete sentir dolor sin vergüenza, pues es tan natural como sentir alegría. Cada dolor nos da una nueva cicatriz, y cada cicatriz cuenta la historia de una batalla ganada contra la adversidad. La perseverancia en el dolor es la verdadera medida del espíritu humano. El dolor es temporal, incluso cuando parece interminable. El espíritu es eterno. Al enfrentar el dolor, no estamos solos; compartimos la carga con todos los que han sufrido antes que nosotros. Cuando el dolor se vuelve insoportable, recuerda que puedes soportarlo hoy porque lo has soportado ayer y puedes hacerlo mañana. La grandeza surge de cómo tratas tu dolor. ¿Lo dejas definirte, o lo usas para definir tu fortaleza? A veces, el dolor es simplemente el precio que pagamos por un amor profundo y por vivir plenamente. No hay dolor que el tiempo no pueda aliviar y transformar. La paciencia transforma el dolor en enseñanza; la impaciencia lo transforma en tortura. El dolor nos enseña a valorar los momentos de paz con una gratitud renovada. Enfrenta el dolor sin resentimiento, como si eligieras llevarlo para aprender todo lo que tiene que enseñarte.

La capacidad de soportar el dolor es un regalo que nos permite enfrentar cualquier adversidad con confianza. Deja que el dolor sea un catalizador para el cambio, no una barrera para el progreso. Cada aliento en medio del dolor es un paso hacia la recuperación y la renovación. El verdadero coraje se encuentra en el corazón que sigue amando incluso después de haber conocido el dolor.

El dolor nos recuerda que somos vulnerables, y esta es una verdad esencial para nuestra compasión hacia los demás. En la economía del espíritu, incluso el dolor tiene su valor, enseñándonos lo que ningún placer podría. Cuando aceptamos el dolor como una parte de la vida, nos liberamos de su dominio sobre nuestros corazones. Deja que el dolor ilumine las áreas de tu vida que necesitan atención y cuidado. El dolor puede ser un maestro severo, pero como todos los maestros, revela lo que necesitamos aprender sobre nosotros mismos. No hay sabiduría sin dolor, al igual que no hay crecimiento sin resistencia. Aprende a abrazar el dolor con el mismo respeto que le das a la alegría, pues ambos forman el tejido de la vida. El dolor es un hilo en el tapiz de la vida; sin él, el patrón estaría incompleto. A menudo, el dolor nos empuja a trascender nuestros límites y descubrir nuevos horizontes de experiencia. El dolor tiene mucho que enseñarnos sobre la resiliencia y la renovación si sólo estamos dispuestos a escuchar. Aunque el dolor puede caminar a nuestro lado, no debe liderar nuestro camino.

No niegues tu dolor; reconócelo, examínalo y deja que te guíe hacia una comprensión más profunda de tu vida y propósito. Tu capacidad para soportar el dolor es mucho mayor de lo que imaginas; confía en tu fuerza interior. El dolor es un adversario digno, pero también un aliado inesperado en el viaje hacia el autodescubrimiento.

Transforma tu dolor en arte, tu sufrimiento en creatividad, y tu experiencia en sabiduría. El dolor puede cerrar algunas puertas, pero también abre otras, llevándonos a caminos inesperados. Recuerda, ningún mar en calma hizo experto a un marinero; del mismo modo, sin algún dolor, la vida no nos enseña a navegar por sus mareas. Acepta el dolor con humildad, sabiendo que es una parte universal de la experiencia humana.

A través del dolor, aprendemos la compasión, pues reconocemos nuestro propio sufrimiento en los demás. El dolor nos invita a reevaluar nuestras prioridades y valores, impulsándonos hacia una vida más auténtica y significativa. Cada día que enfrentas el dolor y no te rindes, te estás construyendo una fortaleza de carácter. En la oscuridad del dolor, la luz de tu resiliencia brilla más fuerte.

El dolor nos enseña que hay cosas que deben ser liberadas y otras que deben ser abrazadas con más fuerza. No huyas de tu dolor; encuéntrale un propósito y conviértelo en la base de tu fortaleza futura. La vida fluye como un río, y el dolor es sólo una corriente que eventualmente nos lleva hacia aguas más tranquilas. Mientras mayor sea el dolor, más grande es la gloria en superarlo. Al aprender a coexistir con el dolor, descubrimos los verdaderos límites de nuestra capacidad y nuestra infinita posibilidad de recuperación.

El dolor, cuando se aborda con sabiduría, pierde su filo y se convierte en una herramienta para el crecimiento espiritual. No te definas por las cicatrices del dolor, sino por la elegancia con que las llevas. En cada experiencia de dolor, hay un destello de una oportunidad para transformarse a sí mismo. El valor no se demuestra en la ausencia de dolor, sino en la capacidad de continuar a pesar de él. El dolor nos hace más profundos, más empáticos y completos como seres humanos. La verdadera medida de nuestro espíritu no es cuánto evitamos el dolor, sino cómo lo transformamos en una causa de cambio positivo. El dolor puede parecer un enemigo, pero en realidad es un invitado que nos obliga a fortalecer nuestro carácter.

A través del dolor, la vida nos desafía a encontrar y afirmar nuestro propósito más profundo. La aceptación del dolor como parte de la vida es la clave para alcanzar la paz interior. En la aceptación del dolor, encontramos la clave para superar cualquier adversidad. El dolor nos recuerda nuestra vulnerabilidad, pero también nuestra increíble capacidad de recuperación. El dolor es un recordatorio de que estamos vivos y seguimos luchando por lo que más importa. La capacidad de enfrentar el dolor con gracia es una de las virtudes más altas del espíritu humano. A menudo, el camino hacia la comprensión y la empatía pasa por el valle del dolor. No subestimes tu capacidad para manejar el dolor; con frecuencia, es mayor de lo que piensas. El dolor es una parte inevitable de la vida, pero también lo es la alegría que sigue a la superación. Encuentra la fortaleza para abrazar el dolor, pues en él yace la posibilidad de una profunda transformación personal.

La resistencia al dolor es natural, pero superarlo es un testimonio de la fuerza humana. El dolor es una escuela dura, pero ciertos capítulos de la educación sólo se enseñan allí. La superación del dolor nos ofrece la más clara evidencia de nuestras propias capacidades. No es la intensidad del dolor lo que importa, sino la intensidad de tu respuesta a él. El dolor te enseña a valorar cada momento de alivio y cada respiro de paz. Al enfrentar y aceptar el dolor, te liberas de su control. El dolor es sólo temporal, pero el coraje que desarrollas al enfrentarlo durará toda la vida.

No rehúyas el dolor; enfréntalo directamente y encontrarás que no es tan formidable como parece. El dolor agudo eventualmente se suaviza en la memoria, dejando lecciones que duran toda la vida. El dolor nos enseña a apreciar los momentos de calma y contentamiento con renovado fervor. No permitas que el miedo al dolor gobierne tu vida; en cambio, permite que tu respuesta al dolor defina tu carácter. Cada paso a través del dolor es un paso hacia el entendimiento. El dolor, cuando es comprendido y aceptado, puede convertirse en un poderoso motivador para el crecimiento personal y espiritual. La verdadera sabiduría viene a menudo a través de la puerta del dolor. Aunque el dolor es universal, la forma en que lo manejamos es profundamente personal. El dolor no solo prueba nuestro carácter; lo revela. Alégrate cuando enfrentes el dolor, pues es una señal de que aún hay más por lo que puedes luchar. El dolor no tiene poder sobre ti a menos que le concedas ese poder. La perseverancia en el dolor es un testimonio del espíritu humano indomable. A veces, el único camino hacia la verdadera paz es a través del valle del dolor. No huyas del dolor; enfréntalo con el conocimiento de que es un paso necesario en tu camino hacia la madurez.

La capacidad de soportar y superar el dolor es la verdadera prueba de nuestra fuerza interna. El dolor puede ser un maestro cruel, pero sus lecciones son invaluables. Aunque el dolor puede parecer un obstáculo insuperable, con el tiempo, se convierte en parte del paisaje que nos forma. Cada desafío doloroso es una oportunidad para demostrar nuestra resiliencia y fortaleza. En cada dolor hay una promesa de sanación y renovación. La superación del dolor nos impulsa hacia nuevas alturas de comprensión y empatía. El dolor nos enseña a no tomar nada por sentado, a valorar cada día y cada conexión. Al aceptar el dolor, aceptamos toda la gama de la experiencia humana.

El dolor puede actuar como un recordatorio de nuestras limitaciones, pero también de nuestro potencial para trascenderlas. El dolor es temporal, pero la victoria sobre él es permanente. Al enfrentar el dolor con dignidad, enseñamos a otros cómo uno puede vivir y superar. La superación del dolor nos deja cicatrices, símbolos no de nuestra derrota, sino de nuestra victoria. La introspección que acompaña al dolor a menudo conduce a una comprensión más profunda de nosotros mismos y del mundo que nos rodea. Al abrazar el dolor, nos abrimos a la totalidad de la experiencia humana, encontrando riqueza en lo que antes parecía solo adversidad.

El dolor nos obliga a reevaluar lo que realmente valoramos, fortaleciendo nuestras convicciones y clarificando nuestras verdaderas prioridades. El coraje frente al dolor es una de las virtudes más grandes que podemos desarrollar, un testimonio de nuestra fortaleza y nuestro compromiso con la vida. No es la ausencia de dolor lo que define la paz, sino la presencia de una voluntad que se levanta por encima de él. El dolor es como el fuego: puede consumirnos o iluminarnos, dependiendo de cómo decidamos enfrentarlo. Cada experiencia dolorosa es una piedra en el fundamento de nuestro carácter, fortaleciéndonos para futuros desafíos.

Cuando el dolor parece insoportable, recuerda que también es el crisol en el que se forja un espíritu refinado y resistente. Aprender a coexistir con el dolor es una de las habilidades más cruciales para vivir una vida plena y significativa. El dolor, cuando es aceptado y comprendido, puede llevarnos a un estado de serenidad y resolución inquebrantable. La aceptación del dolor no es resignación, es una afirmación de la vida y de nuestra capacidad para prevalecer sobre cualquier adversidad. En cada dolor hay una invitación a profundizar en nuestra comprensión de la vida y a fortalecer nuestro compromiso con los valores que sostienen nuestra existencia. No permitas que el dolor te defina; en su lugar, define cómo responderás a él y cómo permitirás que forme parte de tu historia. El dolor es un maestro riguroso, pero justo, enseñándonos lecciones que de otro modo podríamos ignorar. La forma en que manejamos el dolor revela no solo quiénes somos, sino también quiénes podemos llegar a ser.

El dolor nos invita a dar un paso atrás, a reconsiderar nuestra vida desde una perspectiva más amplia, encontrando sentido y propósito incluso en la tormenta. Superar el dolor es un acto de heroísmo, una batalla ganada no contra el mundo, sino dentro de nosotros mismos. El dolor nos enseña la impermanencia de todas las cosas y nos impulsa a apreciar cada momento de paz y alegría.

En el centro del dolor, encontramos la semilla de un crecimiento que de otra manera podría permanecer latente. Afrontar el dolor con gracia es una obra de arte, una danza delicada entre la aceptación y la resistencia, el letargo y la acción. A través del dolor, descubrimos nuevas fortalezas, nuevas resiliencias y, a menudo, nuevos caminos que nunca habríamos considerado. El dolor agudiza nuestra sensibilidad hacia el sufrimiento de los demás, cultivando una compasión más profunda y genuina. La historia de cada persona es en parte una historia de superación del dolor; comparte la tuya para inspirar y alentar a los demás. Cada día que superamos el dolor es una afirmación de nuestra determinación y de nuestro deseo de vivir una vida con significado. Enfrentar y transformar nuestro dolor es quizás uno de los actos más creativos y poderosos a nuestra disposición. Al reconocer el dolor como un aspecto inherente de la vida, liberamos energía para abordar otros aspectos de nuestra existencia con renovado vigor. El dolor es un recordatorio de que somos humanos, vulnerables y reales; abrázalo como un signo de tu autenticidad. Transforma cada dolor en una plataforma para tu desarrollo personal, un trampolín hacia niveles más altos de consciencia y comprensión. El dolor a menudo precede a la curación; reconoce su papel en el proceso de sanar y crecer. No dejes que el miedo al dolor te impida perseguir tus sueños; a menudo, los mayores logros requieren que enfrentemos nuestros miedos más profundos. Aunque el dolor puede ser un compañero no deseado, también puede ser un consejero sabio, mostrándonos dónde necesitamos enfocar nuestra atención y cuidado.

La superación del dolor es una de las victorias más dulces, pues cada triunfo nos deja más equipados para enfrentar el futuro. Deja que el dolor te enseñe, pero no permitas que te someta. Mantén el control de tu respuesta y dirigirás el curso de tu vida. Aprender a separar nuestra experiencia del dolor de nuestra identidad es crucial para mantener una perspectiva saludable y optimista.

No subestimes la capacidad del espíritu humano para adaptarse y prosperar, incluso en las condiciones más dolorosas. El dolor es parte de la vida, pero también lo es la recuperación y la renovación; enfócate en estos últimos para encontrar la motivación para continuar. No es la presencia de dolor lo que determina nuestra vida, sino nuestra actitud hacia él. El dolor nos desafía a preguntar qué es realmente importante, obligándonos a priorizar y actuar según nuestros valores más profundos.

A través del dolor, la vida nos moldea y nos enseña, preparándonos para cada nuevo amanecer con una sabiduría y fortaleza renovadas. No es posible conocer el verdadero alivio sin haber conocido el dolor profundo; ambos son caras de la misma moneda. Afrontar el dolor con una perspectiva estoica no es endurecerse contra él, sino aprender a fluir con él y extraer de él la fuerza oculta. La perseverancia a través del dolor no solo es posible, es necesaria para alcanzar la plenitud de nuestro potencial humano.

Cada prueba dolorosa lleva consigo la semilla de un equivalente beneficio, esperando ser descubierto. El dolor, cuando se enfrenta con la mente y el corazón abiertos, puede ser un camino hacia la iluminación personal y la paz interior. No temamos al dolor; enfrentémoslo con coraje y convicción, sabiendo que cada momento de sufrimiento nos acerca un paso más a la comprensión y la paz.

La fortaleza se mide no por la capacidad de evitar el dolor, sino por la capacidad de enfrentarlo, entenderlo y eventualmente trascenderlo. El dolor es un recordatorio de que nuestra capacidad para sentir es un regalo, incluso cuando es difícil de llevar. El arte de vivir bien incluye el arte de sufrir bien; el dolor no es algo que debamos evitar a toda costa, sino algo que podemos enfrentar con dignidad y gracia. En el corazón del dolor, encontramos la posibilidad de redefinirnos y de crecer de maneras que nunca imaginamos. Aceptar el dolor como parte del viaje humano es aceptar plenamente la vida en toda su riqueza y complejidad.

DEJA DE SER DÉBIL

Para dejar de ser débil, primero debemos reconocer que la fortaleza no reside en el cuerpo sino en la mente. La filosofía estoica nos enseña que debemos enfocarnos en lo que está dentro de nuestro poder cambiar, y aceptar con serenidad lo que no podemos controlar. Es esencial practicar la disciplina de nuestras percepciones, reacciones y emociones. Considera cada desafío como una oportunidad para fortalecer tu carácter.

Cuando enfrentes adversidades, no te desanimes ni te rindas a la desesperación. En lugar de ello, utiliza estos momentos como un crisol para forjar una voluntad más fuerte. Pregúntate cómo puede este obstáculo contribuir a tu crecimiento y qué puedes aprender de él. El autocontrol es fundamental en la búsqueda de la fortaleza.

Debes ejercitar tu voluntad para resistir las tentaciones y distracciones que te alejan de tus principios. Practica diariamente la moderación en todos los aspectos de tu vida, desde tu dieta hasta tus emociones, manteniendo siempre una mente clara y enfocada en tus virtudes. La reflexión constante es una herramienta poderosa para combatir la debilidad. Dedica tiempo cada día a meditar sobre tus acciones, tus motivaciones y tus progresos. Esta introspección te permite identificar las áreas donde eres más vulnerable y fortalecerlas. A través de la reflexión, puedes cultivar una comprensión más profunda de ti mismo y de tus principios estoicos. No te aísles en tu lucha por ser más fuerte. Busca el consejo y la compañía de aquellos que admiras por su fortaleza y sabiduría. El estoicismo enseña que somos parte de una comunidad más grande y que podemos encontrar gran soporte y perspectiva a través de nuestras interacciones con otros. Aprende de los ejemplos de quienes han enfrentado desafíos similares y han perseverado.

Recuerda que la verdadera fortaleza se manifiesta a través de la serenidad en tiempos de crisis. En vez de sucumbir al pánico o la frustración, respira profundamente y enfréntate a cada situación con calma y deliberación. Al hacerlo, estarás ejercitando la fortaleza mental que el estoicismo promueve. La aceptación juega un papel crucial en tu camino hacia la fortaleza. Aceptar no significa ser pasivo frente a las dificultades, sino entender las limitaciones de nuestra influencia sobre el mundo externo.

Trabaja diligentemente sobre lo que puedes cambiar, y acepta con gracia lo que está más allá de tu control. Cada día trae consigo pequeñas pruebas de tu fortaleza. Practica el arte de decir 'no' a los deseos innecesarios y a las distracciones que te desvían de tus valores más importantes. Aprender a rechazar lo superficial te permitirá concentrarte en tu crecimiento personal y espiritual. Cultiva la paciencia; muchas veces la debilidad surge de la prisa y la impaciencia por ver resultados inmediatos. Entiende que el crecimiento y el fortalecimiento del carácter son procesos graduales que requieren tiempo y constancia. Rodéate de personas que te inspiren y te desafíen a ser mejor.

La comunidad es un pilar del estoicismo, y estar en compañía de otros que persiguen la virtud puede motivarte a elevar tus propios estándares y a perseverar a través de las dificultades.

Practica la resiliencia frente a la crítica y el fracaso. Aprende a ver estas experiencias no como finales definitivos, sino como valiosas lecciones. Cada fracaso te ofrece una oportunidad única para fortalecer tu carácter y afinar tus estrategias. Haz un hábito de desafiar tus propios límites. Ya sea físicamente a través del ejercicio o mentalmente a través del estudio y el debate, salir de tu zona de confort es esencial para fortalecer tu mente y tu cuerpo.

El autoengaño es a menudo una fuente de debilidad. Sé brutalmente honesto contigo mismo sobre tus fallos y tus éxitos. Esta honestidad te permitirá entender mejor tus debilidades y transformarlas en fortalezas. Recuerda que la fortaleza no es rigidez. Ser verdaderamente fuerte significa tener la flexibilidad para adaptarse a los cambios y la sabiduría para saber cuándo es necesario hacer concesiones sin comprometer tus principios fundamentales.

Mantén siempre en perspectiva tus progresos. No te desanimes por lo que aún te falta lograr, sino celebra los pasos que ya has dado hacia tu desarrollo. La gratitud por tu crecimiento personal alimenta la perseverancia. Reconoce y maneja tus miedos. No permitas que el temor a lo desconocido te paralice o te impida actuar según tus convicciones. Enfrentar tus miedos directamente es una práctica estoica que refuerza la mente y el espíritu.

Ejercita la mente como si fuera un músculo. Dedica tiempo a actividades que requieran pensamiento crítico, lógica y creatividad. Estas actividades no solo mejoran tu capacidad intelectual, sino que también te preparan para enfrentar desafíos complejos con mayor facilidad. No olvides la importancia del descanso. Una mente fuerte también necesita tiempo para recuperarse y reflexionar. Equilibra tus periodos de trabajo intenso con momentos de quietud y meditación. Aprende a perdonar, tanto a otros como a ti mismo. El perdón es una expresión de fortaleza porque libera recursos emocionales que de otro modo estarían atados al resentimiento y al arrepentimiento. Finalmente, siempre vuelve a tus principios estoicos.

Cuando sientas que te desvías del camino o enfrentes decisiones difíciles, reflexiona sobre tus valores fundamentales. Ellos te guiarán de vuelta a una posición de fuerza y claridad. Enfrenta cada día con intención. Al comenzar tu jornada, establece claras intenciones de cómo deseas actuar y qué esperas lograr. Esta práctica te ayudará a mantener el enfoque y a vivir de acuerdo con tus principios más altos, fortaleciendo tu resolución frente a las distracciones y tentaciones.

Evita la autocompasión. Aunque es natural sentirse desanimado ante los reveses, sumergirse en la autocompasión mina tu capacidad de recuperación. En lugar de lamentarte, busca soluciones activas o cambia tu enfoque hacia lo que puedes mejorar. Desarrolla un sentido de propósito más allá de ti mismo. Trabajar hacia metas que beneficien a otros proporciona una motivación poderosa y refuerza tu determinación. Este enfoque altruista no solo enriquece tu vida, sino que también te impulsa a superar los desafíos personales. Practica la constancia en tus esfuerzos. La perseverancia en la práctica diaria de tus actividades y en la adhesión a tus valores es fundamental para construir una mente fuerte. La constancia fortalece tu carácter y profundiza tu compromiso con el crecimiento personal. Acepta las críticas con gracia.

Aprender a aceptar las críticas sin resentimiento te permite utilizarlas como herramientas para el automejoramiento. Analiza objetivamente lo que otros dicen y decide si sus comentarios pueden ayudarte a crecer.

Establece límites claros. Saber hasta dónde estás dispuesto a tolerar ciertas situaciones o comportamientos te permite proteger tu energía y mantener tu enfoque en lo que verdaderamente importa. Los límites saludables son esenciales para mantener una mente fuerte. Cuida tu cuerpo como reflejo de tu mente. Un cuerpo saludable apoya una mente fuerte.

Incluye el ejercicio regular, una dieta balanceada y un sueño adecuado en tu rutina diaria para optimizar tu capacidad mental y física. Reconoce la impermanencia de las emociones. Al igual que los pensamientos, las emociones son transitorias y no definen quién eres.

Aprender a observar tus emociones sin quedar atrapado en ellas te permite responder a situaciones con mayor sabiduría y equilibrio. Desarrolla una práctica meditativa. La meditación no solo calma la mente, sino que también la fortalece. Dedicar tiempo a meditar regularmente te ayuda a desarrollar concentración, controla el estrés y proporciona claridad en momentos de confusión. Fomenta la autosuficiencia emocional. Depender menos de la aprobación y el apoyo de otros y más en tu propia evaluación y fuerza interna te libera para seguir tus convicciones más sinceras y vivir con autenticidad. Practica la generosidad regularmente. La generosidad no solo fortalece las relaciones, sino que también construye tu carácter. Dar sin esperar nada a cambio te ayuda a superar la codicia y el egoísmo, y promueve una perspectiva de abundancia y gratitud.

Mantén una actitud de aprendizaje constante. Ver la vida como una serie de lecciones y oportunidades para aprender te mantiene mentalmente activo y abierto a nuevas experiencias y conocimientos, lo cual es vital para mantener la mente joven y ágil. Construye una rutina de autodisciplina. La disciplina es la base sobre la que se construyen todas las demás virtudes. Establecer y mantener una rutina disciplinada en todos los aspectos de la vida fortalece tu voluntad y tu capacidad para enfrentar desafíos. Enfréntate a la incertidumbre con valentía. La incertidumbre es parte de la vida, pero no debe paralizarte. Aprender a actuar a pesar de la incertidumbre fomenta la confianza en ti mismo y demuestra la fuerza de tu compromiso con tus valores. Valora la reflexión al final del día.

Dedica tiempo cada noche a reflexionar sobre tus acciones del día, reconociendo tus fortalezas y áreas de mejora. Esta reflexión nocturna es un pilar en la construcción de una vida consciente y deliberada. Enfócate en construir relaciones de apoyo. Las personas con las que eliges rodearte pueden elevar tu espíritu y fortalecer tu resolución. Cultiva relaciones con aquellos que te inspiran y motivan, y que te desafían a ser la mejor versión de ti mismo. Desafía regularmente tus límites personales. Salir de tu zona de confort es esencial para el crecimiento.

Ya sea asumiendo un nuevo hobby, aprendiendo una nueva habilidad, o enfrentando un miedo, el crecimiento personal se encuentra en la superación de barreras autoimpuestas. Encuentra el equilibrio entre el ser y el hacer. Mientras que es importante ser productivo y activo, también es crucial encontrar tiempo para simplemente ser. Este equilibrio te ayuda a mantener la claridad mental y a reducir el agotamiento. Celebra tus logros sin importar su tamaño. Reconocer y celebrar tus éxitos te mantiene motivado y orgulloso de tus capacidades. Esto fortalece la autoestima y fomenta un impulso continuo hacia la mejora. Aprende a gestionar tu tiempo eficazmente. Una buena gestión del tiempo no solo mejora tu productividad, sino que también reduce el estrés y te permite disfrutar de más tiempo libre para relajarte y rejuvenecer tu mente y cuerpo. La autoobservación es una herramienta crucial en el camino hacia la fortaleza mental. Vigila tus pensamientos, palabras y acciones. Al ser consciente de tus hábitos, puedes empezar a cambiar aquellos que contribuyen a la debilidad y cultivar los que fomentan la fortaleza.

El compromiso con tus valores no debe ser temporal o superficial. Debe ser una dedicación profunda y constante que guíe todas tus acciones. La integridad en la práctica diaria fortalece tu carácter y cimienta tu resiliencia ante las adversidades. Aprende a encontrar significado incluso en las tareas más mundanas. Ver el propósito en todas tus acciones puede transformar la rutina diaria en una práctica meditativa que refuerza tu mente y alinea tu vida con tus valores más profundos. La fortaleza mental requiere una dosis saludable de realismo. No ignores los desafíos o dificultades que enfrentas. Reconócelos, evalúa de manera realista tus opciones y decide el curso de acción que está en línea con tu visión de vida estoica. No subestimes el poder del descanso en la construcción de una mente fuerte. El descanso no es una señal de debilidad, sino una estrategia esencial para la recuperación y la sostenibilidad a largo plazo.

Permite que tu mente se recargue para enfrentar mejor los desafíos. Mantén una actitud de gratitud, incluso en las circunstancias más difíciles. La gratitud te ayuda a ver lo positivo en tu vida y disminuye el peso de tus preocupaciones, lo cual es fundamental para mantener una perspectiva equilibrada y una mente fuerte. Enfócate en la calidad de tus pensamientos.

Una mente que alberga pensamientos negativos o autodestructivos es propensa a la debilidad. Cultiva pensamientos que sean constructivos y que te empoderen, ya que ellos formarán la base de una mente fuerte. Evita la victimización. Adoptar un papel de víctima solo alimenta una sensación de impotencia y debilidad. Reconoce tu capacidad para influir en tu vida y toma las riendas con determinación y coraje. Practica la paciencia no solo con los demás, sino también contigo mismo. La impaciencia puede llevar a decisiones precipitadas y arrepentimientos. Una mente fuerte es paciente, reflexiva y deliberada en su enfoque.

Desarrolla y mantiene relaciones nutritivas que te apoyen en tu crecimiento personal. Estar rodeado de personas que te desafían, te apoyan y te entienden puede aumentar significativamente tu resistencia y fortaleza mental. Recuerda que el cambio es parte de la vida. Aceptar el cambio como una oportunidad para aprender y adaptarse es crucial para desarrollar una mente adaptable y fuerte. Resiste la tentación de aferrarte a lo conocido simplemente por comodidad. Cuestiona constantemente tus suposiciones y creencias. Este es un ejercicio valioso para evitar que te estanques y para mantener una mente flexible y abierta a nuevas ideas y enfoques.

Fortalece tu mente a través del desafío intelectual. Resolver problemas complejos, aprender idiomas o estudiar filosofía son maneras de ejercitar tu mente y mantenerla aguda y capaz. Equilibra la introspección con la acción. Mientras que la reflexión es importante, también lo es la aplicación práctica de tus reflexiones. La acción basada en una deliberación cuidadosa fortalece tu capacidad de hacer frente a la vida real. Reconoce y celebra tus logros, no importa cuán pequeños sean. Cada éxito, incluso los menores, es un paso hacia la construcción de una mente fuerte y una mayor autoconfianza. No dejes que el miedo al fracaso te paralice.

En lugar de evitar los riesgos, aprende a evaluarlos sabiamente y a abrazar los desafíos como oportunidades para probar tu fortaleza y aprender. Mantente físicamente activo, ya que el ejercicio no solo fortalece el cuerpo sino también la mente.

La actividad física regular ayuda a reducir el estrés, aumenta la claridad mental y mejora tu estado de ánimo general. Practica la autoexpresión saludable. Encuentra maneras de expresar tus emociones y pensamientos de manera que sean constructivos y respetuosos, lo cual es esencial para mantener relaciones sanas y una mente fuerte. Establece un propósito claro en tu vida.

Tener un sentido de dirección te ayuda a tomar decisiones que están en línea con tus objetivos a largo plazo y te proporciona motivación constante. Finalmente, nunca dejes de aprender y de cuestionarte a ti mismo. La educación continua y el auto escrutinio son fundamentales para mantener una mente fuerte y adaptable a medida que enfrentas los desafíos de la vida. La claridad mental se logra a través de la simplificación. Reduce las complicaciones en tu vida eliminando las actividades y compromisos innecesarios. Una vida más simple te permite enfocarte en lo que verdaderamente importa y cultivar una fortaleza interior más profunda. La integridad debe ser la piedra angular de tu existencia. Practica lo que predicas y asegúrate de que tus acciones siempre reflejen tus valores.

La coherencia entre tus palabras y tus actos fortalece tu autoestima y te hace más resiliente frente a las presiones externas. Encuentra tiempo para la reflexión silenciosa cada día. La soledad elegida puede ser una fuente poderosa de fuerza, proporcionándote el espacio necesario para ordenar tus pensamientos y meditar sobre tus acciones y decisiones. El manejo efectivo del tiempo es esencial para una mente fuerte. Aprende a priorizar tareas y a decir no a las demandas que no alinean con tus objetivos. Una buena gestión del tiempo te libera de la urgencia y el caos, permitiéndote operar desde un centro de calma y propósito. Desarrolla una mentalidad de crecimiento. Ve cada experiencia, tanto positiva como negativa, como una oportunidad para aprender y mejorar. Esta perspectiva te ayuda a mantener una actitud positiva y una disposición a adaptarte y crecer sin importar las circunstancias. Mantén un diálogo interno positivo. Las palabras que te dices a ti mismo tienen un profundo impacto en tu percepción y en tu capacidad para enfrentar desafíos. Cultiva un diálogo interno que sea alentador y empoderador. Aprende a manejar adecuadamente tus recursos emocionales. Evita gastar energía en preocupaciones innecesarias o en resentimientos prolongados.

Centrar tus emociones en acciones productivas te fortalece y te prepara mejor para los desafíos futuros. La paciencia es más que una virtud; es una herramienta para la fortaleza mental. Aprender a esperar con tranquilidad y sin ansiedad te permite tomar decisiones más sabias y mantenerte firme en tus principios, incluso bajo presión. Fomenta un sentido de comunidad. Apoyarte en otros y ofrecer tu apoyo a cambio puede proporcionarte una red de seguridad emocional y práctica que es invaluable durante los tiempos difíciles. Practica la resiliencia conscientemente. No solo rebotes después de una dificultad, sino analiza el proceso y aprende de cada experiencia. La capacidad de recuperación se fortalece con la introspección y el aprendizaje activo. Cuida tu bienestar físico como un reflejo de tu salud mental. El ejercicio regular, una dieta saludable y un sueño adecuado son fundamentales para mantener una mente clara y ágil. Evita la sobreestimulación. En un mundo donde la información y las distracciones son constantes, aprender a desconectar y a disfrutar de la quietud puede rejuvenecer tu mente y restaurar tu enfoque.

Establece y persigue metas que te desafíen. Establecer objetivos que requieran que te estires más allá de tus zonas de confort puede motivarte y fortalecer tu mente a través del esfuerzo continuo y dedicado. Mantente fiel a tus convicciones, incluso cuando sea difícil. La presión para conformarse puede ser intensa, pero ceder puede erosionar tu autorespeto y debilitar tu mente. Mantente firme y sé auténtico en todas tus interacciones. Cultiva la adaptabilidad al aceptar que el cambio es una parte constante de la vida.

Aceptar y adaptarse al cambio de manera fluida te permite navegar por las vicisitudes de la vida con mayor facilidad y menor estrés. Practica el desapego de los resultados. Trabaja diligentemente hacia tus metas, pero no dejes que tu felicidad dependa del resultado. Esta separación entre esfuerzo y resultado puede liberarte para disfrutar del proceso y continuar creciendo sin importar el desenlace.

Valora la honestidad, tanto en ti mismo como en otros. Ser honesto acerca de tus debilidades y errores no solo promueve la integridad personal, sino que también te permite enfrentar y superar tus limitaciones. Desarrolla la empatía, no solo como una habilidad social, sino como una forma de fortalecer tu mente. Entender y compartir los sentimientos de otros te ayuda a poner tus propios problemas en perspectiva y fomenta relaciones más profundas y significativas. Utiliza la meditación como una herramienta para fortalecer la mente.

Regularmente dedicar tiempo a meditar puede ayudarte a gestionar mejor el estrés, aumentar tu enfoque y desarrollar una mayor paz interior. Aprende a encontrar lecciones en el fracaso. Cada contratiempo contiene información valiosa que puede enseñarte mucho sobre ti mismo y sobre cómo enfrentar futuros desafíos. Evaluar lo que salió mal y cómo puedes mejorar es esencial para la fortaleza mental. Reconoce que cada día es una nueva oportunidad para crecer y fortalecerte. Al despertar cada mañana, toma un momento para recordar tus objetivos y comprométete de nuevo con tus valores.

Esta práctica matutina te prepara mentalmente para enfrentar el día con determinación y claridad. Trata cada contratiempo como un desafío, no como un problema. Cambiar tu mentalidad para ver los obstáculos como oportunidades para demostrar tu resiliencia y habilidad para resolver problemas puede transformar tu experiencia de la adversidad. Cultiva el arte de la calma bajo presión. Desarrollar la habilidad de mantener la serenidad en situaciones estresantes te permite pensar más claramente y tomar decisiones más efectivas, fortaleciendo tu capacidad para manejar lo inesperado.

No permitas que el miedo al juicio de otros dicte tus acciones. La preocupación por lo que otros puedan pensar puede llevarte a comprometer tus principios. Confía en tu juicio y actúa de acuerdo con tus valores más profundos, no según las expectativas de otros. Esfuérzate por ser una fuente de fortaleza para los demás. Al ofrecer apoyo y motivación a quienes te rodean, no solo ayudas a otros a superar sus desafíos, sino que también refuerzas tu propia resiliencia y determinación. Practica regularmente la autocompasión. Ser duro contigo mismo puede debilitar tu mente. Reconoce tus esfuerzos, perdónate a ti mismo por los errores y trata de entender tus propias luchas con gentileza y paciencia.

Aprende a balancear tu vida laboral y personal. Un equilibrio saludable te ayuda a evitar el agotamiento y te permite disfrutar de las diversas facetas de la vida, lo cual es esencial para mantener una mente fuerte y resiliente. Desarrolla una relación positiva con el fracaso. Ver el fracaso como un paso necesario en el camino hacia el éxito te permite enfrentar y superar los reveses con una actitud más constructiva y menos temor.

Reflexiona sobre tus experiencias pasadas y extrae lecciones valiosas de ellas. Esta revisión no solo te proporciona una perspectiva más profunda, sino que también te prepara para enfrentar futuras dificultades con una mayor sabiduría. Mantén un registro de tus pensamientos y emociones.

Escribir regularmente en un diario puede ayudarte a procesar tus experiencias, clarificar tus pensamientos y descubrir patrones en tu comportamiento que podrías querer cambiar. Celebra la diversidad de opiniones y aprende de ella. Escuchar activamente y considerar puntos de vista diferentes no solo enriquece tu comprensión, sino que también fortalece tu habilidad para interactuar respetuosamente con otros. Evita la multitarea excesiva. Concentrarte en una tarea a la vez no solo aumenta la eficacia, sino que también reduce el estrés y mejora la calidad de tu trabajo, contribuyendo a una mente más enfocada y menos fragmentada. Reconoce la importancia del juego y del tiempo libre en tu vida. Los momentos de ocio no son solo descansos del trabajo, sino oportunidades para rejuvenecer tu mente y fomentar la creatividad. Establece metas personales que te desafíen y te inspiren. Tener claros objetivos a largo plazo te da un sentido de dirección y motiva un crecimiento continuo, fortaleciendo tu mente a través de la persistencia y la disciplina.

Sé flexible en tus métodos, pero firme en tus principios. Adaptar tu enfoque a las circunstancias cambiantes mientras mantienes tus valores centrales te permite navegar por la vida con integridad y agilidad mental. Rodéate de libros y otros recursos que estimulen tu mente y espíritu. La lectura y el aprendizaje continuo son alimentos para el cerebro, proporcionando nuevas ideas y perspectivas que pueden fortalecer tu pensamiento crítico y ampliar tu mundo.

Participa regularmente en actividades que desafíen tu cuerpo y mente. Ya sea deportes, arte o solucionar rompecabezas, estas actividades no solo son divertidas, sino que también juegan un papel crucial en el mantenimiento de una mente ágil y adaptable.

Permite que tu curiosidad te guíe. Ser curioso acerca del mundo y las personas a tu alrededor puede motivarte a aprender más y a experimentar más plenamente, lo cual es vital para mantener una mente joven y vigorosa. Sé consciente de tu diálogo interno y trabaja para que sea positivo y constructivo.

La forma en que te hablas a ti mismo puede levantarte o derribarte. Cultiva un diálogo interno que refuerce tu autoestima y fortaleza. Finalmente, recuerda que la fortaleza mental es un viaje, no un destino. Cada día ofrece nuevas oportunidades para crecer, aprender y fortalecerte. Aprovecha estas oportunidades y comprométete a vivir con valentía, propósito y paz interior.

COMBATIR LA HUMILLACIÓN

Mantén siempre la dignidad, no por orgullo, sino por respeto a la esencia de lo que eres. La humillación es una prueba de fuego para tu carácter; enfrenta cada intento con serenidad y fortaleza interna. Recuerda que el verdadero poder reside en la reacción, no en la acción de otros. No permitas que las palabras o acciones de los demás dicten tu valor; eres dueño de tu propio respeto. Enfrenta la humillación no con resentimiento, sino como una oportunidad para afirmar tu autoestima. Deja que tu respuesta a la humillación sea siempre medida y reflexiva, nunca precipitada ni impulsiva. Quien intenta humillarte revela su propia debilidad; mantén tu fortaleza y no te dejes arrastrar a su nivel.

La humildad es tu escudo; la arrogancia de otros no puede penetrar la serenidad de un espíritu humilde. En cada intento de humillación, encuentra la fuerza para perdonar, pero también la sabiduría para proteger tu integridad. Mantén tu compostura frente a la humillación, como una roca inquebrantable ante las olas tempestuosas. Responde a la humillación con una comprensión profunda de tu propio valor; ningún externo puede desvalorizarte sin tu consentimiento.

La humillación intenta despojarte de tu poder; mantén firme tu autoridad sobre tus propios sentimientos y reacciones. Que tu dignidad sea inmune a las tormentas de la humillación; enraizada profundamente en la verdad de quién eres. En los momentos de humillación, recuerda que tu valor es un fuego interno que ninguna mofa puede extinguir. No busques venganza frente a la humillación, busca el equilibrio y la restauración de tu paz interior. Enfréntate a la humillación con la cabeza alta, no como un signo de superioridad, sino como un estandarte de tu respeto propio. La humillación, cuando es enfrentada con gracia, puede transformarse en un escalón hacia una mayor autoconciencia y fortaleza. Que tu respuesta a la humillación sea siempre un reflejo de tu más alta estima, no una reacción a las acciones de otros.

La verdadera humillación no es lo que otros intentan infligirte, sino lo que permites que te afecte. No te dejes humillar por palabras; ellas sólo tienen el poder que tú les das. Cada intento de humillarte es una prueba de tu capacidad para mantener la serenidad en el caos. La humillación sólo tiene lugar si reconoces en las palabras de otros una verdad sobre ti mismo; si no es verdadera, no tiene poder. Enfrenta cada intento de humillación no con defensiva, sino con una introspección tranquila y un compromiso renovado con tus principios. No permitas que la percepción ajena moldee tu autoimagen; la humillación se disuelve ante la fortaleza de un carácter bien forjado.

Cuando te enfrentes a la humillación, deja que tu serenidad hable más fuerte que cualquier insulto. El intento de humillar a otro es una confesión de inseguridad; reconócelo por lo que es y no por lo que pretende ser. Mantén tu enfoque en lo que verdaderamente importa; las pequeñas humillaciones del día a día palidecen ante la vastedad de tu propósito. No te definas por cómo otros te tratan; tu autoestima debe ser inquebrantable ante los intentos externos de minarla. Que cada acto de humillación hacia ti sea como una piedra lanzada contra el viento: incapaz de alcanzarte verdaderamente. Mantén una perspectiva estoica; lo que no te daña te hace más fuerte, y la humillación es a menudo impotente. En lugar de responder a la humillación con ira, responde con un redoblado compromiso con tus valores y tu paz interior. La humillación es temporal, tu dignidad es eterna; enfócate en lo perdurable, no en lo fugaz. No dejes que la humillación moldee tu mundo interior; eres el arquitecto de tu fortaleza emocional. En tiempos de humillación, vuelve a lo básico de tu filosofía y fortalece los cimientos de tu ser. No te dejes llevar por la corriente de la humillación; ancla tu ser en aguas más profundas y tranquilas. La humillación puede ser un espejo distorsionado; no te mires en él, sino busca la reflexión clara de tu verdadera esencia. Recuerda que cada persona que intenta humillarte está luchando su propia batalla interna; responde con compasión, no con hostilidad.

Mantén tu paz interior intacta; la humillación es sólo ruido de fondo ante la melodía de tu vida. No dejes que la humillación detenga tu progreso; úsala como combustible para tu viaje hacia la automejora. Frente a la humillación, elige el camino más alto; tu conducta define quién eres, no la de quienes te desprecian. La humillación no es más que una nube pasajera en el cielo de tu existencia; dejará tu horizonte claro una vez más. No te dejes humillar por fracasos o reveses; cada caída es un paso hacia la sabiduría.

Enfréntate a la humillación con la certeza de que ninguna palabra o acto externo puede realmente tocar la esencia de tu ser. La humillación intenta desestabilizarte; mantén firme tu equilibrio y sigue adelante con determinación. Recuerda que la capacidad de superar la humillación con gracia es una marca de verdadera nobleza de espíritu. No permitas que la humillación eclipse tu visión; tienes metas más grandes y un destino más brillante que cualquier sombra que intenten arrojar sobre ti. Trata cada intento de humillarte como una oportunidad para demostrar tu inquebrantable resolución y tu compromiso con la autenticidad. Que tu respuesta a la humillación sea siempre reflejar la luz de tu integridad, iluminando la oscuridad de la ignorancia y el desprecio. No dejes que la humillación se convierta en un lastre; libérate de su peso y eleva tu espíritu a mayores alturas. Recuerda, no es la humillación lo que define tu valor, sino cómo eliges responder a ella. La humillación es una sombra que otros intentan proyectar sobre ti; tu luz interna puede disiparla.

Frente a la humillación, recuerda que tu valía es inherente y no sujeta a la aprobación o desaprobación de otros. No dejes que la humillación te encierre en un ciclo de duda y miedo; rompe ese ciclo con acciones decididas hacia tus objetivos. La verdadera humillación sólo ocurre si permites que la opinión de otros se convierta en tu realidad. Mantén tu integridad frente a la humillación como lo harías con cualquier tesoro precioso; es invaluable y merece ser protegido. No permitas que la humillación te despoje de tu poder personal; cada intento de minimizarte es una prueba de tu fortaleza. La humillación, cuando es enfrentada con dignidad, pierde su poder y se convierte en un testimonio de tu resiliencia.

Recuerda que la humillación es a menudo un reflejo de la inseguridad de otros; mantén tu seguridad y no absorbas la negatividad ajena. Frente a la humillación, elige ser un ejemplo de cómo responder con honor y respeto propio. La humillación es sólo efectiva si cedes a ella; mantente firme y no dejes que te afecte profundamente. En cada acto de humillación, hay una lección sobre cómo no tratar a los demás; aprende de ella y vive de manera diferente. No dejes que la humillación se convierta en una barrera para tu expresión o tus sueños; sigue adelante con más convicción que nunca. La humillación puede intentar robarte la paz; aférrate a ella con más fuerza y no permitas que se desvanezca. No te dejes humillar por tus propios errores; acéptalos, aprende de ellos y úsalos como escalones hacia la mejora. Enfréntate a la humillación con un espíritu inquebrantable, sabiendo que ninguna fuerza externa puede realmente cambiar quién eres. Que tu dignidad ante la humillación sea como un faro, guiando a otros a tratar con respeto y compasión. La humillación es un desafío a tu autoconcepto; enfréntalo con un conocimiento claro y firme de tu identidad y tus valores.

No dejes que la humillación moldee tu percepción de ti mismo; eres más grande que cualquier intento de disminuirte. Frente a la humillación, mantén tu enfoque en tus fortalezas, no en tus vulnerabilidades. No permitas que la humillación te quite el derecho a estar orgulloso de tus logros y de la persona que has llegado a ser. Recuerda que enfrentar la humillación con gracia y fortaleza es un signo de verdadera madurez y sabiduría. No te dejes humillar por el rechazo; no todos verán tu valor, y eso está bien. Confía en aquellos que sí lo hacen. La humillación puede ser una prueba de tu capacidad para mantener la calma y la claridad en situaciones difíciles. No permitas que la humillación te distraiga de tus metas; utiliza esa energía para impulsarte aún más hacia adelante. En cada intento de humillarte, encuentra una razón para reafirmar tu autoestima y continuar construyendo tu camino con integridad.

No dejes que la humillación te empuje a dudar de tu valía; cada ser humano es valioso, sin importar las opiniones de los demás. Frente a la humillación, elige verla como una falta de los otros, no como un reflejo de tu valor o tu capacidad. La humillación, como cualquier otra experiencia negativa, tiene un límite si decides no permitir que penetre en tu corazón o tu mente. Recuerda que la humillación puede ser desarmada con humor, perspectiva y la decisión consciente de no tomarla demasiado en serio. Mantén un sentido de auto ironía; no dejes que la humillación te robe la capacidad de reírte de ti mismo sanamente. No dejes que la humillación te encierre en el resentimiento; libérate a través del perdón y el enfoque en el futuro. Frente a la humillación, practica la empatía; comprende que aquellos que intentan humillar a menudo están lidiando con sus propias inseguridades.

No te dejes humillar por circunstancias fuera de tu control; enfréntalas con coraje y haz lo mejor que puedas dadas las circunstancias. La humillación es un momento, no una sentencia; sigue avanzando con la cabeza en alto y el espíritu intacto. No permitas que la humillación altere tu camino; eres el maestro de tu viaje y el arquitecto de tu destino. Frente a la humillación, encuentra refugio en aquellos que te valoran genuinamente y te ofrecen apoyo incondicional. Recuerda, en tiempos de humillación, que tu respuesta puede enseñar a otros cómo enfrentar sus propias batallas con dignidad. No dejes que la humillación te convierta en una víctima; transfórmala en un testimonio de tu resistencia y tu capacidad para superar. La humillación es solo una sombra en el paisaje más amplio de tu vida; sigue moviéndote hacia la luz de tus verdaderos méritos y logros.

No permitas que la humillación te defina; eres definido por tus actos de bondad, tu coraje y tu integridad, no por las palabras o acciones de otros. Frente a la humillación, mantén una perspectiva estoica; lo que no te destruye, te fortalece. Recuerda que la humillación, cuando es enfrentada con valor y sabiduría, puede convertirse en un escalón hacia una autoestima más profunda y duradera. No dejes que la humillación te haga sentir menos; cada intento de minimizarte realmente refleja más sobre el otro que sobre ti. Mantén tu enfoque en tu crecimiento personal; la humillación es un ruido externo que no debe desviar tu atención de tus objetivos. Frente a la humillación, elige la resiliencia; tu capacidad para recuperarte y seguir adelante define tu verdadero carácter. No permitas que la humillación te quite el placer de tus pasiones y la búsqueda de tus intereses; sigue adelante con más fervor.

Recuerda que la humillación es una experiencia compartida; no estás solo, y el apoyo de otros puede ser tu mayor fortaleza. Frente a la humillación, respira profundamente, encuentra tu centro y responde con la serenidad de alguien seguro de su propio valor. No dejes que la humillación te impida expresarte; tu voz es importante y merece ser escuchada con respeto. Mantén tu integridad ante la humillación como tu estandarte más alto; es tu armadura contra las flechas de la desaprobación y el desprecio. Ante la humillación, afirma tu autoestima con la tranquilidad de quien conoce su propio valor más allá de cualquier duda. No permitas que los intentos de humillarte alteren tu visión de ti mismo; eres digno de respeto y amor, independientemente de las opiniones externas.

La humillación es un reflejo del carácter del otro, no del tuyo; mantén tu dignidad intacta y tu cabeza erguida. Encuentra fortaleza en tu capacidad para disolver la humillación con compasión, ofreciendo perdón a aquellos que no saben lo que hacen. No te dejes arrastrar por la amargura cuando enfrentes la humillación; usa cada incidente como un escalón hacia la sabiduría y la madurez. Mantén una firmeza estoica cuando te enfrentes a la humillación, recordando que tu respuesta puede ser un faro de integridad y honor. La humillación, cuando es procesada y superada, puede convertirse en un poderoso catalizador para el desarrollo personal y el empoderamiento. No dejes que la humillación moldee tus emociones; controla tu corazón con la razón y no permitas que el desprecio de otros dicte tu felicidad. Frente a la humillación, practica la indiferencia noble; no ignorando el dolor, sino eligiendo no dejar que te defina. Usa cada experiencia de humillación como un recordatorio para reafirmar tus valores y vivir de acuerdo con ellos con aún más convicción.

No te dejes humillar por las limitaciones que otros intentan imponerte; reconoce tus propias capacidades y sigue expandiéndolas. La humillación puede intentar encerrarte en una pequeña caja; es tu trabajo romper esas paredes y mostrar al mundo tu verdadera magnitud. No permitas que la humillación te robe el derecho a soñar grande; tus aspiraciones son válidas y merecen ser perseguidas con pasión. Frente a la humillación, elige siempre el camino que refuerza tu autoestima y fomenta tu crecimiento espiritual. Que cada intento de humillación te encuentre más preparado y resiliente, transformando los obstáculos en puentes hacia nuevos horizontes.

No dejes que la humillación se convierta en un veneno que corroe tu alma; en su lugar, que sea un antídoto que fortalece tu corazón. Frente a la humillación, mantén una claridad de propósito y una determinación inquebrantable que ninguna fuerza externa pueda socavar. No permitas que la humillación te haga dudar de tu camino; confía en tu brújula interna para guiarte a través de cualquier tormenta. La humillación es sólo una sombra pasajera; tu luz interior es permanente y siempre brillante. No dejes que la humillación te haga sentir menos que nadie; cada persona tiene su propio valor intrínseco, incluyéndote a ti. Frente a la humillación, recuerda que la dignidad no se da ni se quita, se posee; mantén la tuya intacta. No permitas que la humillación nuble tu visión de lo que es verdaderamente importante en la vida; enfócate en tus fortalezas, no en tus debilidades. Usa la humillación como un espejo para refinar tu carácter y pulir tus virtudes hasta que brillen con luz propia. No dejes que la humillación defina tu narrativa; eres el autor de tu historia y puedes escribir cada capítulo con coraje y autenticidad.

Frente a la humillación, elige ser un ejemplo de cómo la gracia bajo presión puede transformar incluso las situaciones más difíciles. No permitas que la humillación te desanime; cada experiencia es una lección que te acerca un paso más a la persona que estás destinado a ser. La humillación puede ser una prueba, pero también una oportunidad para demostrar que tu espíritu es inquebrantable. Frente a la humillación, respira profundamente y recuerda que tienes el control sobre cómo permites que te afecte. No te dejes humillar por el pasado; vive en el presente y construye un futuro que refleje tu verdadero potencial.

La humillación, cuando es vista a través de los ojos de la sabiduría, pierde su poder y se convierte en un mero ruido de fondo. Mantén tu compostura y tu paz interior incluso cuando otros intenten desestabilizarte con la humillación. No dejes que la humillación te quite la pasión por la vida; sigue persiguiendo tus sueños con un espíritu indomable. Frente a la humillación, mantén tu gentileza y tu comprensión; a menudo, aquellos que humillan están más necesitados de compasión que de represalia. No permitas que la humillación te haga cerrar tu corazón; el mundo necesita tu amor y tu luz ahora más que nunca. Usa la humillación como un catalizador para reforzar tu compromiso con tus principios y vivir de manera que reflejes lo mejor de ti. Frente a la humillación, recuerda que tu respuesta puede ser un poderoso testimonio de tu carácter y tu humanidad. No dejes que la humillación te distraiga de tu misión en la vida; sigue adelante con determinación y foco. Mantén una perspectiva elevada frente a la humillación; desde las alturas, los intentos de derribarte parecen pequeños y manejables. La humillación es temporal, pero tu capacidad para superarla y aprender de ella puede dejarte con lecciones valiosas para toda la vida.

No permitas que la humillación empañe tu alegría de vivir; encuentra felicidad en tus logros, tus relaciones y tu crecimiento personal. Frente a la humillación, refuerza tu red de apoyo; rodearte de personas que te valoran puede ayudarte a superar los momentos difíciles. No dejes que la humillación te haga perder la confianza en ti mismo; recuerda todas las veces que has superado desafíos y utilizado tu fuerza interior. Usa la humillación como una oportunidad para revisar y reafirmar tus valores, asegurándote de que están alineados con la persona que aspiras ser. Frente a la humillación, no te encierres en ti mismo; extiende tu mano y busca conectar con otros que puedan proporcionarte perspectiva y consuelo.

No permitas que la humillación te haga cínico o desconfiado; la vulnerabilidad y la apertura son fuerzas, no debilidades. La humillación puede desafiarte, pero también puede enseñarte sobre tu fuerza, tu flexibilidad y tu capacidad para adaptarte y superar. Frente a la humillación, no retrocedas; avanza con más determinación hacia tus metas, mostrando que nada puede detenerte. No dejes que la humillación te lleve a dudar de tus capacidades; cada experiencia es un escalón en tu desarrollo personal. Mantén tu enfoque en lo que puedes controlar, y no permitas que la humillación te desvíe de tu camino hacia el éxito y la satisfacción personal. Usa la humillación como una lección en el arte de la paciencia y la perseverancia; estas virtudes te servirán bien en todos los aspectos de la vida. Frente a la humillación, busca siempre la alta moral; tu conducta impecable será tu mejor defensa y tu mayor victoria. No dejes que la humillación disminuya tu empatía o tu capacidad de perdonar; estas son cualidades que elevan y distinguen a los grandes de espíritu. Mantén una firmeza estoica frente a la humillación; tu capacidad para mantener la calma y la racionalidad en tiempos de prueba te definirá. No permitas que la humillación te quite el valor de enfrentar nuevos desafíos; cada paso adelante es un paso lejos del dolor y hacia la recuperación. Frente a la humillación, sé audaz en la defensa de tu honor y tu verdad, pero siempre con respeto y consideración por los demás.

Usa cada experiencia de humillación como un recordatorio de que la vida es compleja y desafiante, pero también rica en oportunidades para demostrar tu carácter. No dejes que la humillación te haga sentir inferior; eres único, valioso y digno de respeto, sin importar lo que otros puedan decir o hacer. Frente a la humillación, recuerda que eres más grande que cualquier momento de debilidad o duda que puedas experimentar. Mantén tus principios firmemente arraigados; la humillación no puede desarraigar una convicción sólida y una fe en uno mismo bien fundamentada. No permitas que la humillación te desanime de buscar apoyo; compartir tus experiencias puede ayudarte a sanar y fortalecer tus lazos con otros. Frente a la humillación, toma un momento para reflexionar sobre lo que realmente importa; a menudo, encontrarás que los intentos de menospreciarte son triviales en el gran esquema de las cosas.

No dejes que la humillación afecte tu capacidad para disfrutar de las pequeñas alegrías de la vida; encuentra felicidad en lo simple y lo cotidiano. Usa la humillación como un trampolín hacia la automejora; cada crítica puede ser un catalizador para el cambio y el crecimiento personal. Frente a la humillación, mantén una perspectiva global; recuerda que eres parte de una comunidad más amplia que puede ofrecerte amor y apoyo. No permitas que la humillación te haga perder de vista tus logros; cada paso que has dado hacia adelante es prueba de tu fortaleza y tu resiliencia. Frente a la humillación, reafirma tu compromiso con tus sueños y aspiraciones; no permitas que nadie te desvíe de tu camino elegido. Mantén un equilibrio entre la defensa de tu dignidad y la apertura al diálogo y la comprensión; a veces, los malentendidos pueden ser aclarados y transformados en entendimiento.

No dejes que la humillación te haga temer al fracaso; cada fallo es simplemente un paso más en el camino hacia el éxito. Frente a la humillación, ejerce la paciencia y la reflexión; la respuesta precipitada puede satisfacer el momento, pero la respuesta considerada edifica el futuro. Usa la humillación como un recordatorio para fortalecer tu conexión con tus valores y tu visión de la vida; deja que te motive a vivir con aún mayor autenticidad. No permitas que la humillación te impida expresar tu verdadero yo; tu autenticidad es tu mayor regalo al mundo.

Frente a la humillación, encuentra consuelo en el arte, la música, la literatura, o cualquier forma de expresión creativa que te eleve y te inspire. Mantén la confianza en ti mismo; la humillación solo tiene poder si dudas de tu propio valor y de tu capacidad para superar los obstáculos. No dejes que la humillación te robe la paz; encuentra maneras de restaurar tu serenidad a través de la meditación, el ejercicio o la naturaleza. Frente a la humillación, recuerda que no estás solo; muchos antes que tú han enfrentado y superado pruebas similares. Usa la humillación como una oportunidad para practicar el desapego; aprende a separar tu bienestar emocional de las acciones y opiniones de otros. No permitas que la humillación eclipse tu sentido del humor; a veces, la capacidad de reírse de uno mismo puede ser la mejor medicina. Frente a la humillación, sé generoso en tu capacidad para perdonar; liberar el resentimiento es liberarte a ti mismo.

Mantén una perspectiva positiva; la humillación es solo un capítulo en la larga historia de tu vida, y no define el final de la historia. No dejes que la humillación te cierre emocionalmente; mantenerse abierto y vulnerable es una señal de fuerza, no de debilidad. Frente a la humillación, prioriza el autocuidado; asegúrate de que estás atendiendo tus necesidades físicas, emocionales y espirituales para mantenerte fuerte y resiliente. Usa la humillación como una prueba de tu integridad; permanecer fiel a ti mismo en tiempos difíciles es el verdadero testamento de tu carácter. No permitas que la humillación te desvíe de tus principios; sigue adelante con la convicción de que tus valores te guiarán a través de cualquier tormenta. Frente a la humillación, recuerda la importancia de tu comunidad y de aquellos que te valoran por quien realmente eres.

No dejes que la humillación afecte tu autoestima; enfócate en las muchas cualidades y logros que te hacen único y valioso. Usa cada incidente de humillación como un recordatorio para fortalecer tus relaciones con aquellos que te apoyan y te alientan. Frente a la humillación, practica la resiliencia activa; busca formas de crecer y aprender de cada experiencia, por dolorosa que sea. No permitas que la humillación te haga temer al juicio de los demás; confía en aquellos cuyas opiniones realmente importan y deja de lado las demás. Mantén una perspectiva estoica frente a la humillación, enfocándote en tu capacidad para controlar tus respuestas y acciones, no las circunstancias externas. No dejes que la humillación te lleve a dudar de tus decisiones; confía en tu juicio y en tu capacidad para tomar las decisiones correctas para tu vida. Frente a la humillación, refuerza tu autocompasión; sé tan amable contigo mismo como lo serías con un amigo en la misma situación.

Usa la humillación como un catalizador para el cambio positivo; cada desafío puede ser una puerta hacia una nueva oportunidad o una revelación personal. No permitas que la humillación disminuya tu pasión por la vida; sigue persiguiendo tus intereses y compromisos con energía y entusiasmo. Frente a la humillación, encuentra fuerza en la autenticidad; ser genuino y verdadero contigo mismo te proporcionará la estabilidad que otros no pueden sacudir. No dejes que la humillación te defina; eres mucho más que un momento de debilidad o un malentendido. Usa la humillación como una oportunidad para demostrar tu madurez y tu habilidad para manejar situaciones difíciles con gracia.

Frente a la humillación, no te retraigas; en su lugar, expresa tus sentimientos y pensamientos de manera constructiva y educada. No permitas que la humillación te quite la alegría de vivir; encuentra la felicidad en las relaciones genuinas y las actividades que te llenan el alma. Usa la humillación como un recordatorio de que todo en la vida es temporal, incluidos los momentos difíciles; esto también pasará. Frente a la humillación, recuerda siempre tu valor inherente; nada ni nadie puede quitar la dignidad que nace de saber quién eres y vivir de acuerdo con tus verdades.

TE ENSEÑARE A TENER UNA MENTE FUERTE

Una mente fuerte se forja en el crisol de la adversidad. Enfrentar desafíos no es un obstáculo para el crecimiento, sino una parte esencial de él. Cuando la vida te someta a pruebas, recuerda que cada dificultad es una oportunidad para ejercitar tu resiliencia. No te desanimes por los contratiempos; enfréntalos con coraje y razón. Mantén siempre presente que lo que no te destruye, te fortalece. Dedicar tiempo cada día a la reflexión es esencial para desarrollar una mente fuerte.

Evalúa tus acciones, aprende de tus errores y celebra tus éxitos con modestia. La introspección te permite entender tus motivaciones y corregir tu rumbo cuando sea necesario. Esta práctica te ayudará a construir un carácter sólido y una mente que no se perturba fácilmente por las turbulencias externas. El dominio de tus emociones es crucial para mantener una mente fuerte. Las pasiones descontroladas pueden nublar tu juicio y llevar a decisiones precipitadas. Aprende a observar tus emociones sin reaccionar inmediatamente a ellas. Practica la paciencia y permite que la razón guíe tus respuestas. Recuerda que la verdadera fortaleza mental proviene de la serenidad interna, no de la impulsividad.

El cambio es una constante en la vida, y resistirse a él solo debilita tu mente. Aceptar el cambio no significa resignación, sino adaptación inteligente. Enfrenta lo nuevo y lo desconocido con curiosidad en lugar de temor. Utiliza cada nueva situación como una lección para aprender y crecer. Una mente fuerte es flexible y abierta, capaz de ajustarse a diferentes circunstancias sin perder su esencia. La resiliencia no es innata, se cultiva a través de experiencias y desafíos. Cada vez que te enfrentes a una dificultad, encárala como una oportunidad para fortalecer tu mente. No te rindas ante la adversidad; en su lugar, busca soluciones y aprende a adaptarte. Una mente fuerte se caracteriza por su capacidad de recuperarse rápidamente de los reveses, manteniendo una actitud positiva y centrada. La constancia en tus prácticas diarias fortalece tu mente. Establece rutinas que fomenten disciplina y orden en tu vida. Ya sea la meditación matutina, el ejercicio físico o la lectura filosófica, estas actividades regulares preparan tu mente para enfrentar los desafíos con equilibrio y serenidad. La repetición consciente de hábitos saludables es la clave para desarrollar resistencia mental.

No hay herramienta más poderosa para una mente fuerte que el conocimiento. Dedícate al estudio de la filosofía, la historia y la ciencia. Entender los principios que rigen el mundo y la naturaleza humana te equipa con la perspectiva necesaria para manejar las situaciones de la vida con inteligencia y compostura. La sabiduría es el alimento de una mente robusta.

Cuando enfrentes dificultades, mantén la perspectiva. Pregúntate, '¿Este problema será significativo dentro de un año o cinco años?' La mayoría de las preocupaciones diarias pierden su peso bajo este escrutinio. Al mantener una visión a largo plazo, reduces la ansiedad y refuerzas tu mente contra las trivialidades que de otro modo podrían perturbarla. Fortalecer la mente también implica desarrollar la capacidad de comprender a los demás.

La empatía te permite ver situaciones desde múltiples perspectivas y te enseña a responder con consideración y respeto. Una mente fuerte no es aquella que domina a otras, sino la que comprende y se armoniza con ellas. La paciencia es una virtud que fortalece enormemente la mente. Al practicar la paciencia, aprendes a aceptar que algunas cosas llevan su propio tiempo y no pueden ser apresuradas. Esto reduce la frustración y te permite abordar los problemas con un enfoque más medido y efectivo. Enfrentar directamente tus miedos es esencial para desarrollar una mente fuerte. Evitar tus temores solo les da más poder sobre ti.

Al confrontarlos, a menudo descubrirás que no eran tan intimidantes como parecían y que posees la fortaleza para superarlos. El desapego no significa no cuidar, sino reconocer que la única cosa que realmente puedes controlar es tu propia respuesta. Al practicar el desapego de los resultados, te liberas de la ansiedad por los factores externos y concentras tu energía en tu acción y virtud. La gratitud refuerza tu mente al centrarla en lo que tienes, en lugar de lo que falta. Comienza cada día enumerando las cosas por las cuales estás agradecido. Esta práctica simple pero poderosa cultiva un estado mental de abundancia y satisfacción. La meditación no solo calma la mente, sino que también la fortalece. Dedicar tiempo a la reflexión silenciosa cada día te permite alejarte del ruido del mundo exterior y encontrar claridad y paz interior. Esto te prepara para enfrentar los desafíos de la vida con una mente serena y concentrada. Ver los errores como oportunidades de aprendizaje es crucial para el desarrollo de una mente fuerte. En lugar de criticarte duramente, analiza qué salió mal y por qué. Utiliza esta información para mejorar en el futuro. Este enfoque te ayuda a construir resiliencia y sabiduría.

La soledad elegida sabiamente puede ser una poderosa herramienta para fortalecer la mente. En momentos de soledad, puedes reconectar contigo mismo, explorar tus pensamientos y emociones profundas, y clarificar tus objetivos y convicciones. Este tiempo solo es esencial para el crecimiento personal. Obsesionarse con los pensamientos negativos debilita la mente.

Cuando te encuentres rumiando, conscientemente dirige tu atención hacia actividades constructivas o pensamientos positivos. Este control sobre tu enfoque mental es un signo de fortaleza y madurez emocional. Desafiar regularmente tu zona de confort expande tus límites y fortalece tu mente. Ya sea aprendiendo una nueva habilidad, viajando a un lugar desconocido, o simplemente cambiando tu rutina diaria, cada nuevo desafío te hace más adaptable y resiliente. Vivir con integridad —hacer lo correcto, incluso cuando nadie está mirando— fortalece tu autoestima y tu respeto propio. Una mente fuerte se construye sobre un fundamento de principios sólidos y un comportamiento ético constante. La visualización positiva es una técnica poderosa para fortalecer la mente. Imagínate a ti mismo logrando tus metas y superando obstáculos. Esta práctica mental prepara tu subconsciente para el éxito y refuerza la creencia en tus propias capacidades. Una mente fuerte mantiene un equilibrio entre emoción y razón. Aunque las emociones son una parte natural de nuestra experiencia humana, no deben dominar nuestras decisiones. Practica evaluar tus reacciones emocionales a través del filtro de la razón, preguntándote si son proporcionales y si contribuyen a tu bienestar general. El dolor, tanto físico como emocional, es inevitable, pero el sufrimiento es opcional. Aprender a tolerar el dolor sin permitir que altere tu paz interior es una señal de fortaleza mental.

Considera el dolor como un maestro que afila tu capacidad de enfrentar la vida con valentía y resiliencia. Compararte constantemente con los demás es una ruta segura hacia la insatisfacción. Cada persona tiene su propio camino y sus propios desafíos.

Enfócate en tu crecimiento personal y celebra tus logros sin medirlos contra los de otros. Este enfoque te liberará de envidias y te permitirá apreciar más plenamente tus propias victorias. La perseverancia es crucial para desarrollar una mente fuerte. Los obstáculos y fracasos son parte del camino hacia cualquier meta digna. Mantén tu determinación frente a la adversidad y comprométete a seguir adelante, sin importar los contratiempos. Esta tenacidad es lo que eventualmente lleva al éxito y al fortalecimiento de tu carácter. Cuida tu salud mental con el mismo celo con que cuidarías tu salud física. Practica técnicas de manejo del estrés, como el mindfulness o la meditación, y busca apoyo cuando lo necesites. Una mente sana es una mente fuerte, capaz de enfrentar desafíos sin desmoronarse bajo presión. La flexibilidad mental te permite adaptarte a situaciones cambiantes con facilidad. Cultiva esta habilidad desafiándote a ti mismo para pensar en alternativas y perspectivas diferentes.

Aceptar que puede haber múltiples soluciones a un problema te prepara para elegir la más efectiva, en lugar de aferrarte a enfoques rígidos. Cada pequeño éxito en tu vida debe ser reconocido y celebrado. Estos momentos construyen un sentido de logro y refuerzan tu confianza en tus habilidades. Al celebrar regularmente, alimentas una mentalidad positiva y motivada que es esencial para una mente fuerte. Tus pensamientos tienen un poderoso impacto en tu realidad. Aprender a controlar y dirigir tus pensamientos hacia lo positivo y constructivo puede cambiar drásticamente tu experiencia de vida. La mente fuerte es una que domina sus pensamientos y no al revés.

La incertidumbre es una constante en la vida. Aceptar esto con gracia, sin permitir que la ansiedad por el futuro domine tu presente, es crucial para mantener la fortaleza mental. Centrarte en el presente y prepararte para cualquier eventualidad te permitirá manejar lo desconocido con confianza. Aceptarte a ti mismo, con todas tus imperfecciones, es la base de una mente fuerte. La autoaceptación no significa resignación, sino reconocer tus áreas de fortaleza y tus limitaciones. Desde este entendimiento, puedes trabajar para mejorar sin autocrítica destructiva. Guardar rencor por las ofensas pasadas consume energía mental y corroe tu paz interior.

Practicar el perdón y dejar ir las viejas heridas te permite avanzar sin la carga del resentimiento. Una mente fuerte se enfoca en el presente y el futuro, no en las heridas del pasado. Mantén viva tu curiosidad sobre el mundo, las personas y nuevas experiencias. La curiosidad te impulsa a aprender y explorar, lo que mantiene tu mente activa y enérgica. Es esta búsqueda constante de conocimiento la que mantiene a la mente fuerte y aguda. Intentar controlar cada aspecto de la vida es tanto imposible como agotador. Reconoce lo que puedes influenciar y suelta lo que está fuera de tu alcance. Al hacerlo, liberarás recursos mentales para enfocarte en acciones productivas que realmente puedes afectar. Asumir la responsabilidad completa por tu vida empodera y fortalece la mente.

Evita culpar a otros o a las circunstancias por tus dificultades. Al aceptar la responsabilidad, tomas el control de tu destino y te conviertes en el arquitecto de tu futuro. La esperanza es esencial para una mente fuerte. Incluso en los momentos más oscuros, mantener una visión de lo que es posible puede proporcionarte la fuerza para continuar. Cultiva la esperanza como un recurso contra la desesperación y el pesimismo. Ver el fracaso como una parte natural y útil del proceso de aprendizaje es vital para mantener la mente fuerte. Cada fracaso te enseña algo valioso que puede ser utilizado para mejorar en futuros intentos. Esta mentalidad te permite enfrentar desafíos con una perspectiva más abierta y resiliente. La generosidad enriquece al dador tanto como al receptor. Extender la mano a otros no solo construye conexiones significativas, sino que también fortalece tu propia mente y espíritu. La práctica de dar sin esperar nada a cambio cultiva la empatía y la comprensión. Prefiere la tranquilidad al drama. Las personas fuertes mentalmente evitan las situaciones y las personas que generan conflictos innecesarios. Buscan entornos que promuevan la paz y el crecimiento personal, sabiendo que estos son más propicios para una vida plena y productiva. Desarrolla una mentalidad proactiva en lugar de simplemente reaccionar a los eventos a medida que ocurren. Anticipar situaciones y planificar de antemano te permite manejar los desafíos con mayor calma y efectividad. Ser proactivo fortalece tu capacidad de controlar tu vida. El autocuidado es crucial para mantener una mente fuerte. Esto incluye cuidar tu cuerpo con ejercicio y nutrición adecuada, así como tu mente con descanso y recreación. Una mente bien cuidada es más capaz de lidiar con el estrés y los desafíos diarios.

Una mente fuerte se esfuerza por ver las cosas tal como son, no como quisiera que fueran. La objetividad implica separar tus emociones y prejuicios de tus percepciones y decisiones. Practica ver situaciones desde múltiples perspectivas para ganar una comprensión más clara y equilibrada. El optimismo pragmático combina la esperanza con la acción. Es la creencia de que puedes influir positivamente en tu vida mientras aceptas que ciertos factores están fuera de tu control. Esta mentalidad te anima a actuar con determinación, sin caer en la frustración por los obstáculos que encuentres. La adaptabilidad es una señal de una mente fuerte. En un mundo en constante cambio, la habilidad para ajustar tus pensamientos y comportamientos a nuevas condiciones es crucial. Fomenta la flexibilidad mental con el deseo de aprender y el coraje para dejar atrás métodos obsoletos. Una mente fuerte se caracteriza por su resolución. Establece metas claras y comprométete con ellas con todo tu ser. La determinación de seguir adelante, incluso cuando el camino es arduo, demuestra un verdadero control sobre tus impulsos y tus miedos. Las críticas pueden ser una fuente de crecimiento si se enfrentan correctamente. Escucha atentamente, distingue entre críticas constructivas y destructivas, y utiliza la información útil para mejorar. Responder a las críticas con apertura y sin resentimientos fortalece tu carácter y tu mente. Evita la rigidez mental manteniéndote abierto a nuevas ideas y enfoques. Una mente que nunca cambia es una mente que deja de crecer. Desafía tus propias opiniones y acepta que el aprendizaje es un proceso vitalicio. La moderación en todas las cosas es clave para mantener una mente equilibrada. Ya sea en el placer, el trabajo o las emociones, encontrar el equilibrio adecuado previene los extremos que pueden desestabilizar tu mente y tu vida. Las relaciones profundas y significativas son esenciales para una mente fuerte.

Estas conexiones ofrecen apoyo en tiempos difíciles y proporcionan alegría y satisfacción. Invierte tiempo y energía en cultivar amistades y relaciones familiares que enriquezcan tu vida. La humildad es un componente esencial de la mente fuerte. Hay que reconocer que no lo sabes todo y que siempre hay más que aprender te mantiene con los pies en la tierra y abierto a nuevas experiencias y conocimientos. Una mente fuerte reconoce el valor del proceso y no solo del resultado final. Celebra tus esfuerzos y pequeños avances tanto como los grandes logros. Este enfoque te mantiene motivado y comprometido con tu crecimiento personal. Delegar no solo alivia tu carga de trabajo, sino que también fortalece tu mente al permitirte concentrarte en las tareas que son verdaderamente cruciales. Aprender a confiar en otros y a soltar el control excesivo son habilidades importantes para el liderazgo y la vida personal. Incorpora un momento de gratitud en tu rutina diaria. Reflexionar sobre las cosas por las cuales estás agradecido refuerza una actitud positiva y fortalece tu mente contra la negatividad y el desaliento. La capacidad para manejar el estrés de manera efectiva es crucial para una mente fuerte. Desarrolla técnicas de manejo del estrés, como la respiración profunda, el ejercicio regular y las pausas conscientes durante el día para mantener tu mente clara y tu cuerpo relajado. Anticipa los desafíos y planifica cómo enfrentarlos antes de que surjan. La proactividad te prepara mentalmente para las dificultades y te da un sentido de control y preparación que es vital para la fortaleza mental. Conocer tus límites es tan importante como reconocer tus fortalezas.

Aceptar tus limitaciones te permite enfocarte en tus fortalezas y buscar ayuda cuando es necesario. Esta autoconciencia evita el agotamiento y promueve una mente saludable y sostenible. El humor es una herramienta poderosa para mantener una mente fuerte. No solo alivia el estrés, sino que también pone los problemas en perspectiva, facilitando su manejo. Aprende a reírte de las dificultades cuando sea apropiado y a encontrar la ligereza incluso en situaciones tensas. Tener un claro sentido del propósito proporciona dirección y motivación. Define lo que es importante para ti y deja que estas prioridades guíen tus acciones. Un propósito fuerte sirve como un ancla que mantiene tu mente centrada y resiliente. Termina cada día con una reflexión sobre lo que funcionó, lo que no y cómo puedes mejorar. Este examen diario es una herramienta poderosa para el desarrollo personal y la fortaleza mental. El descanso adecuado es fundamental para una mente fuerte. Asegúrate de obtener suficiente sueño de calidad y de tomar descansos regulares durante el día para mantener tu mente en óptimas condiciones. Lee y estudia a los grandes filósofos y pensadores. Sus ideas y experiencias pueden ofrecerte valiosas lecciones y motivación.

Alimentar tu mente con pensamientos profundos y significativos la fortalece y enriquece. Practica estar plenamente presente en cada momento. La conciencia plena o mindfulness te ayuda a vivir con atención y a responder a las situaciones con mayor claridad. Aumenta tu capacidad para concentrarte, reduciendo las distracciones y profundizando tu comprensión del aquí y ahora.

No esperes a que el conocimiento llegue a ti; búscalo activamente. La curiosidad intelectual mantiene tu mente aguda y expansiva. Dedica tiempo cada día para aprender algo nuevo, ya sea a través de la lectura, la exploración o el diálogo con otros. La resiliencia emocional te permite recuperarte de los reveses con gracia. Trabaja en entender y gestionar tus emociones para que puedas enfrentar las adversidades sin perder tu equilibrio.

Reconoce tus emociones, pero no dejes que dominen tus respuestas. Define objetivos claros y alcanzables que te motivarán y guiarán tus esfuerzos. Las metas bien definidas proporcionan un sentido de dirección y facilitan la toma de decisiones, ayudándote a concentrar tus energías en lo que es verdaderamente importante. Así como cuidas lo que comes, debes cuidar lo que consumes mentalmente. Evita la sobrecarga de información y las influencias negativas. Rodéate de contenido que enriquezca tu mente y fomente pensamientos positivos y constructivos. El agradecimiento reduce la envidia y aumenta la felicidad. Al final del día, reflexiona sobre lo que te ha ido bien y por lo que estás agradecido.

Este hábito refuerza una perspectiva positiva y fortalece tu mente frente a las adversidades. Reconocer y enfrentar tus limitaciones puede ser liberador. No se trata de rendirse, sino de comprender dónde necesitas mejorar o pedir ayuda. Esta honestidad contigo mismo abre el camino para el crecimiento personal y la mejora continua. Una comunicación clara y efectiva es esencial para navegar y fortalecer las relaciones tanto personales como profesionales. Trabaja en expresar tus pensamientos y sentimientos de manera que sean comprendidos y respetados, lo cual es fundamental para una interacción humana saludable. Saber rechazar solicitudes o compromisos que no se alinean con tus valores o metas es crucial para mantener tu energía y enfoque. Aprender a decir no de manera respetuosa y firme te permite dedicar más tiempo a lo que realmente importa.

La paciencia no es simplemente esperar; es una estrategia activa que implica saber cuándo actuar y cuándo es mejor esperar. Desarrolla la habilidad de discernir el momento adecuado para diferentes acciones, lo cual te permitirá aprovechar las oportunidades de manera más efectiva. Las relaciones sólidas son un pilar de apoyo emocional y mental. Invierte tiempo y energía en construir y mantener relaciones que te enriquezcan y sostengan. Una red de apoyo fuerte es invaluable en momentos de necesidad y celebra contigo tus éxitos. El cambio es una constante en la vida. Aceptar el cambio con gracia y adaptabilidad en lugar de resistirlo te permite manejar mejor las transiciones y encontrar oportunidades en nuevos comienzos. Identifica las fuentes de estrés en tu vida y desarrolla estrategias proactivas para manejarlas antes de que se vuelvan abrumadoras. Esto puede incluir técnicas de relajación, gestión del tiempo mejorada o simplificar tus compromisos.

Encuentra un equilibrio saludable entre el trabajo y el descanso. Trabajar demasiado puede agotar tu mente, mientras que demasiado ocio puede dejarla letárgica. Ambos son necesarios para mantener una mente fuerte y un cuerpo saludable. Concentra tus esfuerzos en unas pocas áreas clave en lugar de dispersarte en muchas direcciones. Una mente enfocada es más efectiva y logra resultados más significativos. Identifica lo que es más importante para ti y dedica tu energía allí. Periódicamente evalúa y cuestiona tus creencias. Esto no solo refuerza tu comprensión, sino que también puede liberarte de ideas obsoletas que pueden estar limitando tu crecimiento. Una mente abierta es una mente fuerte. Cada derrota contiene una lección.

En lugar de dejarte desanimar por los fracasos, analiza qué salió mal y qué puedes aprender de la experiencia. Esta mentalidad transforma los obstáculos en oportunidades de aprendizaje y crecimiento. El autocuidado no es un lujo, sino una necesidad para una mente fuerte. Incluye actividades que nutran tanto tu cuerpo como tu mente, como ejercicio físico, pasatiempos que disfrutes y tiempo para reflexionar y relajarte. Una rutina diaria te ayuda a estructurar tu día y asegurar que dediques tiempo a actividades que fortalezcan tu mente. Establece hábitos que promuevan la productividad, el bienestar y el equilibrio personal.

Compartir tus conocimientos y experiencias con otros no solo ayuda a quienes te rodean, sino que también refuerza tu propio aprendizaje y comprensión. Enseñar es una forma poderosa de consolidar tu sabiduría y fortalecer tu mente. Prioriza ganar experiencias sobre acumular objetos. Las experiencias enriquecen tu vida, expanden tu perspectiva y fortalecen tu mente, mientras que los objetos materiales ofrecen una satisfacción temporal que a menudo desvanece rápidamente. La simplicidad en la vida y en el pensamiento conduce a una mayor claridad y enfoque.

Al reducir el exceso y eliminar lo innecesario, liberas tu mente de cargas y complicaciones que pueden mermar tu energía y tu atención. La capacidad de estar solo con tus pensamientos sin sentirte desconectado o inquieto es una señal de una mente fuerte. Este tiempo a solas es esencial para el autoexamen y la reflexión profunda, que son vitales para el crecimiento personal.

Escuchar y valorar opiniones diferentes a las tuyas puede fortalecer tu mente. Estos intercambios desafían tu pensamiento, te exponen a nuevas ideas y te enseñan a argumentar y defender tus propias posiciones con mayor claridad. Tener expectativas realistas te protege de desilusiones frecuentes y te permite manejar mejor los reveses. Ajusta tus expectativas basándote en hechos y experiencias previas y estarás mejor equipado para enfrentar los desafíos que surjan. Una fuerte confianza en ti mismo es fundamental para una mente robusta. Esta confianza no nace del ego, sino de un conocimiento claro de tus habilidades y limitaciones, y del trabajo constante para superarte. Reconocer cuándo necesitas ayuda y estar dispuesto a solicitarla muestra fortaleza, no debilidad. Pedir ayuda cuando es necesario puede prevenir problemas mayores y te permite enfrentar los desafíos de manera más efectiva. La determinación te impulsa a seguir adelante incluso cuando las circunstancias son difíciles.

Cultiva una firmeza de propósito que te motive a perseguir tus objetivos a pesar de los obstáculos. Observarte a ti mismo con honestidad y sin juicio te permite entender tus motivaciones, controlar tus reacciones y mejorar tu conducta. Esta autoobservación es clave para el autocontrol y el desarrollo personal. Establecer y mantener límites saludables con los demás es crucial para proteger tu energía y tu bienestar mental. Aprende a decir 'no' cuando sea necesario y a defender tus límites con respeto y firmeza. Cultivar una alta inteligencia emocional te permite entender y manejar tus emociones y las de los demás con eficacia.

Esto fortalece las relaciones y mejora tu capacidad para navegar por el mundo social y profesional. Esfuérzate por alcanzar un equilibrio entre trabajo, descanso, juego y aprendizaje. La armonía en estas áreas te proporciona una base sólida para una mente y un cuerpo saludables. Al igual que los músculos, la mente se fortalece con el uso. Desafía tu mente regularmente con problemas complejos, rompecabezas, juegos de estrategia o aprendiendo habilidades nuevas. Esto mantiene tu mente aguda y activa.

La esperanza es una herramienta poderosa en tiempos de dificultad. Mantener una perspectiva positiva puede aliviar la carga emocional de las situaciones desafiantes y abrir caminos hacia soluciones que el pesimismo podría ocultar. Además de cuidar tu cuerpo y mente, es importante alimentar tu espíritu.

Ya sea a través de la meditación, la oración, la música, el arte o la naturaleza, encontrar lo que nutre tu alma es esencial para una vida equilibrada y una mente fuerte. Tomarte tiempo para evaluar y reevaluar tus progresos hacia tus metas te permite ajustar tus estrategias y mantener tu enfoque. Esta revisión continua es esencial para lograr un desarrollo personal y profesional sostenido.

Ser consciente de las dinámicas sociales y culturales que te rodean puede fortalecer tu mente al ayudarte a entender mejor tu entorno y cómo puedes contribuir positivamente a él. En muchos aspectos de la vida, el proceso es más importante que el producto final. Apreciar y aprender del camino hacia un objetivo puede ser tan valioso como alcanzar el objetivo mismo. Construye una red de soporte de amigos, familiares y colegas que te inspiren y motiven. Este soporte puede ser crucial en momentos de necesidad y es una fuente importante de fortaleza y seguridad. Piensa en cómo quieres ser recordado y qué impacto deseas tener en el mundo. Trabajar hacia un legado significativo puede darte un propósito y dirección, fortaleciendo tu resolución y tu mente.

100 FRASES QUE DEBES GRABARTE EN TU MENTE

- ✓ Elimina la creencia de que el control externo es la clave para la felicidad.
- ✓ Deshazte de las expectativas poco realistas.
- ✓ Deja atrás el miedo al cambio.
- ✓ Corta con la necesidad de complacer a todos.
- ✓ Elimina la procrastinación de tus hábitos.
- ✓ Deja de lamentarte por el pasado.
- ✓ Renuncia a la envidia hacia el éxito de otros.
- ✓ Libérate de relaciones tóxicas.
- ✓ Olvida la idea de que la perfección es alcanzable.
- ✓ Elimina el hábito de juzgar a los demás.
- ✓ Deja de preocuparte por lo que no puedes controlar.
- ✓ Renuncia a la necesidad de tener siempre la razón.
- ✓ Elimina la resistencia al aprendizaje y al crecimiento.
- ✓ Deja de ignorar tus necesidades emocionales.
- ✓ Deshazte de la autocrítica destructiva.
- ✓ Olvida el resentimiento y el rencor.
- ✓ Corta con el exceso de negatividad.
- ✓ Elimina la impaciencia.
- ✓ Deja de victimizarte.
- ✓ Renuncia a la pereza.
- ✓ Elimina las excusas

- ✓ Deja de esperar que los demás solucionen tus problemas.
- ✓ Renuncia a la superficialidad.
- ✓ Elimina la dependencia emocional.
- ✓ Deja de temer al fracaso.
- ✓ Renuncia a la falta de autodisciplina.
- ✓ Elimina la tendencia a evitar el cambio.
- ✓ Deja de consumir más de lo que necesitas.
- ✓ Renuncia a la obsesión por el control.
- ✓ Elimina la falta de gratitud.
- ✓ Deja de posponer tu felicidad para el futuro.
- ✓ Renuncia a las distracciones innecesarias.
- ✓ Elimina la mentalidad de escasez.
- ✓ Deja de compararte con otros.
- ✓ Renuncia a la ansiedad por el futuro.
- ✓ Elimina el pesimismo.
- ✓ Deja de subestimar tus capacidades.
- ✓ Renuncia al orgullo dañino.
- ✓ Elimina la necesidad de atención constante.
- ✓ Deja de lado los compromisos que no te aportan valor.
- ✓ Renuncia a acumular cosas innecesarias.
- ✓ Elimina la hostilidad hacia los cambios.
- ✓ Deja de esperar resultados instantáneos.
- ✓ Renuncia a la falta de compromiso con tus valores.
- ✓ Elimina la rigidez en tus opiniones.
- ✓ Deja de evadir responsabilidades.
- ✓ Renuncia al miedo a la soledad.
- ✓ Elimina la necesidad de drama.
- ✓ Deja de sentirte obligado a hacer cosas que no disfrutas.
- ✓ Renuncia a no priorizar tu salud.

✓ Elimina las expectativas sobre cómo deberían ser las cosas.
✓ Deja de invertir tiempo en preocupaciones.
✓ Renuncia a la defensividad.
✓ Elimina la idea de que el dinero es la clave para la felicidad.
✓ Deja de intentar cambiar a los demás.
✓ Renuncia a la impaciencia por el progreso de otros.
✓ Elimina la necesidad de explicaciones constantes.
✓ Deja de lado el apego a los resultados.
✓ Renuncia a la idea de que estás solo en tus luchas.
✓ Elimina la falta de perdón.
✓ Deja de negar tus errores.
✓ Renuncia a la creencia en la mala suerte.
✓ Elimina el miedo a la opinión de otros.
✓ Deja de actuar sin reflexión.
✓ Renuncia a la falta de respeto hacia ti mismo.
✓ Elimina la aversión al riesgo.
✓ Deja de limitarte con creencias negativas.
✓ Renuncia a seguir la multitud sin cuestionar.
✓ Elimina la falta de resiliencia.
✓ Deja de dar poder a tus críticos.
✓ Renuncia al sedentarismo.
✓ Elimina la necesidad de conflictos.
✓ Deja de culpar a los demás por tus problemas.
✓ Renuncia a la indecisión.
✓ Elimina la negativa a pedir ayuda.
✓ Deja de preocuparte por la perfección en los demás.
✓ Renuncia a no actuar según tus principios.

- ✓ Elimina la complacencia.
- ✓ Deja de temer al juicio.
- ✓ Renuncia a la deshonestidad, incluso en pequeñas cosas.
- ✓ Elimina la falta de planificación.
- ✓ Deja de ignorar el presente.
- ✓ Renuncia a no valorar el tiempo.
- ✓ Elimina la tendencia a sobrestimar los obstáculos.
- ✓ Deja de sentir que no mereces éxito o felicidad.
- ✓ Renuncia a la falta de perspectiva.
- ✓ Elimina la negación de tus fortalezas.
- ✓ Deja de esperar que la vida sea fácil.
- ✓ Renuncia a evitar tus emociones.
- ✓ Elimina las reacciones impulsivas.
- ✓ Deja de limitar tu potencial.
- ✓ Renuncia a la desesperanza.
- ✓ Elimina el hábito de postergar tus sueños.
- ✓ Deja de evitar la autoevaluación honesta.
- ✓ Renuncia a la falta de curiosidad.
- ✓ Elimina la resistencia a la innovación.
- ✓ Deja de subvalorar tus contribuciones.
- ✓ Renuncia a la falta de empatía.
- ✓ Elimina la tendencia a rumiar el pasado.
- ✓ Deja de dudar de tu capacidad para adaptarte y superar desafíos.

MANTENTE ESTOICO

Mantener una mente estoica significa abrazar cada día con la serenidad de quien sabe que lo único que realmente posee es su capacidad de elegir su respuesta ante cualquier circunstancia. Una mente estoica ve la adversidad no como una barrera, sino como un camino hacia la fortaleza, un desafío que invita a la superación personal y al crecimiento espiritual. Cultivar la tranquilidad estoica implica aprender el arte de la indiferencia activa: preocuparse profundamente por el bien y la virtud, mientras se permanece imperturbable ante la fluctuación de los eventos externos.

La mente estoica busca siempre la claridad, despojando al mundo de ilusiones para ver la realidad tal como es, sin el velo de las pasiones personales o deseos fugaces. Mantener una mente estoica es reconocer que la verdadera libertad radica en nuestra propia facultad de controlar nuestros pensamientos y acciones, más allá de cualquier circunstancia externa. Es adoptar una visión del mundo donde cada obstáculo se convierte en una oportunidad para practicar la virtud y profundizar nuestro entendimiento del cosmos y de nosotros mismos. Una mente estoica no se deja llevar por el miedo ni por la euforia, sino que mantiene un equilibrio constante, centrada en la razón y la sabiduría práctica. Cultivar la estoicidad implica entender que cada momento de sufrimiento es temporal y que nuestra respuesta a ese sufrimiento define quiénes somos. La fortaleza de una mente estoica reside en su habilidad para permanecer tranquila y compuesta, incluso cuando las pasiones alrededor arden con intensidad.

Una mente estoica entiende que el dolor y el placer son aspectos externos de la vida que deben ser enfrentados con ecuanimidad, no como enemigos ni como fines en sí mismos. Para mantener una mente estoica, uno debe ejercitarse en la reflexión diaria, usando cada día como una nueva oportunidad para afinar el alma hacia la armonía con la naturaleza.

Es ver la vida como un regalo temporal y actuar de manera que cada acto refleje la dignidad de nuestra naturaleza racional. Una mente estoica se mantiene firme ante la crítica y la adulación, encontrando en su propio juicio y conciencia las guías más confiables. Practicar la estoicidad significa prepararse cada día para enfrentar lo inesperado con un corazón preparado y una voluntad indomable.

La mente estoica no busca eliminar las emociones, sino comprenderlas profundamente para guiarlas hacia respuestas racionales y constructivas. Mantener una mente estoica es buscar siempre la simplicidad, reduciendo la vida a lo esencial para concentrarse en lo verdaderamente importante: la virtud y la sabiduría. Es aceptar que, aunque no podemos controlar los vientos del destino, sí podemos ajustar nuestras velas para navegar con propósito y dirección. Una mente estoica se deleita en la contemplación de la naturaleza, viendo en ella un espejo de las leyes que también gobiernan el alma humana.

Es reconocer que la verdadera batalla está dentro de nosotros mismos, y que la victoria se encuentra en transformar nuestros deseos y temores en entendimiento y paz. Mantener una mente estoica es abrazar cada despedida, cada pérdida como un recordatorio de la impermanencia de todas las cosas, y como una llamada a vivir con plena conciencia y gratitud. Es entender que cada persona que encontramos lleva consigo luchas internas, y que tratar a todos con justicia y compasión es el corazón de la vida virtuosa.

Una mente estoica se esfuerza por ser justa en sus juicios, lenta para la ira y siempre dispuesta a perdonar, entendiendo que todos somos falibles y estamos aprendiendo a ser mejores. Practicar la estoicidad es recordar que nuestras vidas son breves y que debemos usar el tiempo que tenemos para cultivar un espíritu que sea noble y libre. Es aprender a ver cada contratiempo como un maestro disfrazado, una invitación a explorar nuevas profundidades de resiliencia y sabiduría. Mantener una mente estoica significa no dejar que el pasado ni el futuro usurpen nuestro presente, viviendo cada momento con plenitud y presencia.

Una mente estoica es aquella que se ejercita constantemente en el arte de la automejora, buscando no solo ser buena, sino también ser sabia y útil. Es reconocer que la mayor parte de nuestras angustias provienen no de las circunstancias en sí, sino de nuestras opiniones sobre estas circunstancias. Practicar la estoicidad es comprender que la grandeza de la vida se mide no por lo que nos sucede, sino por cómo respondemos a lo que nos sucede. Una mente estoica encuentra belleza en la austeridad, y riqueza en la renuncia voluntaria de los placeres fugaces en favor de alegrías más duraderas. Es ver cada día como una página en blanco en el libro de nuestra vida, listo para ser llenado con actos de virtud y momentos de reflexión consciente. Mantener una mente estoica significa no temer a la soledad, sino encontrar en ella la oportunidad para el diálogo interno y la introspección. Una mente estoica se fortalece a través de la disciplina y el ejercicio continuo de su voluntad, como un atleta que entrena para la competencia más grande: la vida misma.

Es desarrollar la capacidad de estar en medio de la riqueza o la pobreza, el elogio o la crítica, y permanecer ecuánime, centrado y fiel a uno mismo. Practicar la estoicidad es reconocer que cada dificultad externa puede fortalecer nuestro carácter interno, si la enfrentamos con coraje y claridad. Una mente estoica se mantiene alerta, siempre consciente de que cada decisión es crucial y que cada elección debe estar alineada con nuestros principios más elevados.

Es aceptar que la vida es un balance de aceptar lo que viene y esforzarse por cambiar aquello que está dentro de nuestro poder cambiar. Mantener una mente estoica es también reconocer la importancia del servicio a los demás, viendo en la ayuda mutua un reflejo de nuestra interconexión fundamental. Una mente estoica valora el silencio tanto como la palabra, aprendiendo cuándo es momento de hablar y cuándo es mejor guardar silencio y escuchar. Es tener la sabiduría para no agobiarse con lo que está más allá de nuestras capacidades, enfocándose en las áreas donde podemos realmente hacer una diferencia. Practicar la estoicidad es vivir con integridad, asegurándose de que nuestras vidas externas reflejen fielmente nuestros valores internos. Una mente estoica no se inquieta ante la incertidumbre del futuro, sino que acepta con calma que algunas cosas simplemente están fuera de nuestro conocimiento y control.

Es aprender a ser feliz con poco, descubriendo que la verdadera satisfacción viene de dentro y no de las posesiones o el estatus externo. Mantener una mente estoica significa enfrentar la muerte con serenidad, viéndola como una parte natural de la vida y un recordatorio de vivir con propósito y significado. Una mente estoica abraza el cambio, sabiendo que la transformación es una ley inmutable del universo y una fuente de renovación y crecimiento.

Es cultivar una profunda resiliencia, que permite a uno recuperarse de los golpes de la fortuna sin perder la esperanza ni el enfoque. Practicar la estoicidad es comprometerse a una vida de aprendizaje constante, siempre abierto a nuevas ideas y perspectivas, pero también crítico y reflexivo sobre cómo estas ideas se alinean con nuestros principios. Una mente estoica es implacable en su búsqueda de la verdad, incluso cuando esta verdad es incómoda o desafiante de aceptar. Es mantener un compromiso inquebrantable con la justicia, luchando por la equidad y la rectitud en todas nuestras interacciones. Mantener una mente estoica es ejercer la generosidad no solo en bienes, sino en espíritu, ofreciendo perdón y comprensión tanto como esperamos recibirlos. Una mente estoica se deleita en la compañía de otros, pero también encuentra contentamiento y paz en momentos de soledad.

Es reconocer que la auto maestría es el mayor logro al que uno puede aspirar, y dedicar nuestra vida a alcanzarla. Practicar la estoicidad es vivir con valentía, no solo en situaciones extremas, sino cada día, al enfrentar las pequeñas pruebas con firmeza y gracia. Una mente estoica no se desanima por los fallos, sino que los utiliza como escalones hacia una mayor sabiduría y fortaleza.

Es entender que la compasión hacia uno mismo y hacia los demás es un pilar central de una vida virtuosa. Mantener una mente estoica es esforzarse por ver el bien en cada situación, buscando siempre la oportunidad de crecimiento y aprendizaje. Una mente estoica acepta con gracia los límites de la vida humana, pero también celebra el increíble potencial que cada persona tiene para influir en su mundo. Es cultivar la paciencia, no solo como una virtud pasiva, sino como una estrategia activa para vivir de manera más deliberada y reflexiva.

Practicar la estoicidad es desarrollar una fortaleza que no es dureza, sino una forma de suavidad sabía que fluye y se adapta como el agua. Una mente estoica busca la serenidad no solo para sí misma, sino como un regalo que puede compartir con los demás, elevando el espíritu colectivo.

Es aprender a disfrutar del proceso tanto como del resultado, encontrando alegría en el acto de hacer, no solo en la culminación. Mantener una mente estoica es reconocer que cada día lleva consigo tanto la sombra como la luz, y que ambos son esenciales para la plenitud de la vida. Una mente estoica no se rinde ante la desesperación, sino que siempre busca la chispa de esperanza, incluso en la oscuridad más profunda. Es entender que la vida es un balance de dar y recibir, y que mantener este equilibrio es crucial para una existencia armoniosa. Practicar la estoicidad es aceptar la responsabilidad por nuestras propias vidas, sin culpar a otros o a las circunstancias por nuestros desafíos y dificultades. Una mente estoica valora la autenticidad sobre la aprobación, eligiendo ser verdadera en lugar de ser meramente bien vista.

Es tener la sabiduría para saber cuándo actuar y cuándo dejar ir, discerniendo entre lo que requiere nuestra intervención y lo que necesita nuestra aceptación. Mantener una mente estoica es ser un alumno perpetuo de la vida, siempre curioso, siempre humilde, siempre dispuesto a crecer. Una mente estoica aborda cada nuevo desafío con un corazón abierto y una mente clara, listo para aprender de lo que la vida tiene que enseñar.

Es enfrentar el dolor y el placer con igual compostura, entendiendo que ambos son pasajeros y que nuestra paz interna no debe depender de ellos. Practicar la estoicidad es reconocer la interconexión de todas las cosas, viendo cómo nuestras acciones y decisiones reverberan más allá de nosotros mismos. Una mente estoica se ejercita en el arte de la vida, afinando continuamente su habilidad para vivir bien, con intención y propósito. Es encontrar fuerza en la aceptación, poder en la paciencia, y dignidad en la disciplina. Mantener una mente estoica es nunca perder de vista lo que realmente importa, incluso en medio del ruido y las distracciones del mundo moderno. Una mente estoica no busca la inmunidad al cambio, sino la capacidad de adaptarse y prosperar a través de él. Es valorar la experiencia más que la adquisición, el ser más que el tener, y el ser auténtico más que el parecer. Practicar la estoicidad es entender que mientras no podemos elegir nuestras circunstancias, siempre podemos elegir nuestra actitud hacia ellas. Una mente estoica se enfrenta a la incertidumbre con confianza, sabiendo que su fortaleza y sabiduría son suficientes para manejar cualquier resultado. Es cultivar un espíritu de generosidad, ofreciendo nuestra fuerza y apoyo a aquellos que lo necesitan, sin esperar nada a cambio. Mantener una mente estoica es practicar la moderación en todas las cosas, buscando siempre el punto medio entre el exceso y la deficiencia.

Una mente estoica se enriquece no con posesiones, sino con experiencias, relaciones y momentos de verdadera conexión y comprensión. Es aprender a vivir con lo que es suficiente, descubriendo que a menudo, en la simplicidad reside el verdadero contentamiento. Practicar la estoicidad es enfrentar cada situación con una mente preparada, un corazón dispuesto y un espíritu inquebrantable. Una mente estoica se regocija en la oportunidad de servir a otros, encontrando en el acto de dar una de las mayores fuentes de alegría y satisfacción.

Es abrazar tanto la soledad como la compañía, encontrando valor y enseñanza en ambos estados. Mantener una mente estoica es reconocer que el control más grande que podemos ejercer es sobre nosotros mismos, nuestra reacción y nuestra respuesta. Una mente estoica se enfoca en construir un legado de acciones significativas y relaciones profundas, más que en acumular riquezas temporales. Es aceptar que somos tanto maestros como estudiantes en la vida, siempre enseñando con nuestro ejemplo y aprendiendo de las experiencias que vivimos. Practicar la estoicidad es encontrar paz en el reconocimiento de nuestra pequeña parte en el gran tejido de la existencia, y aun así esforzarnos por hacer esa parte lo mejor posible. Una mente estoica se libera de la envidia al celebrar los éxitos de los demás como si fueran propios, sabiendo que la verdadera comunidad se basa en el mutuo levantamiento.

Es tener la fortaleza para enfrentar lo que la vida nos presenta, sin perder la ternura para conmoverse por las alegrías y penas de los demás. Mantener una mente estoica es comprender que cada día trae su propio conjunto de desafíos y recompensas, y que debemos estar presentes y conscientes para ambos. Una mente estoica se esfuerza por mantener la integridad en todas sus formas, asegurando que sus palabras y acciones estén siempre en armonía. Es encontrar valor en la reflexión tranquila, dándose tiempo para meditar y considerar profundamente las decisiones y sus impactos.

Practicar la estoicidad es vivir con un sentido de propósito deliberado, eligiendo metas que no solo nos sirvan a nosotros mismos, sino también al bien mayor. Una mente estoica busca la verdad en todas sus interacciones, esforzándose por ser honesta incluso cuando la verdad es difícil o incómoda. Es mantener un compromiso con el aprendizaje continuo, reconociendo que el crecimiento personal nunca se completa y siempre hay más por descubrir. Mantener una mente estoica es ejercitar la paciencia no solo con las circunstancias, sino también con uno mismo, entendiendo que todos estamos en diferentes etapas de nuestro viaje. Una mente estoica se deleita en el orden y la estructura, no como restricciones, sino como formas de liberar la mente para enfocarse en lo que verdaderamente importa. Es abrazar cada nuevo amanecer con esperanza y cada anochecer con gratitud, celebrando el ciclo continuo de la vida con reverencia y respeto. Practicar la estoicidad es comprometerse con una vida de virtud, buscando siempre actuar de manera que seamos dignos de respeto y admiración, no solo por lo que logramos, sino por cómo vivimos cada día. Mantener una mente estoica es abrazar la constancia en la adversidad, viendo cada desafío como una oportunidad para fortalecer nuestro carácter.

Una mente estoica se entrena para ver más allá de las apariencias, buscando la esencia detrás de cada situación y respondiendo a la realidad, no a las ilusiones. Practicar la estoicidad es cultivar un corazón resiliente que no se amilana ante la pérdida ni se exalta desmedidamente ante el éxito. Es aceptar con gracia el paso del tiempo, viendo cada fase de la vida como una etapa valiosa y llena de potencial para la sabiduría. Mantener una mente estoica significa no sólo tolerar el cambio, sino abrazarlo, reconociendo que el cambio es la única constante en la vida. Una mente estoica busca la coherencia entre pensamiento, palabra y acción, asegurándose de que cada elemento esté alineado con los principios estoicos.

Es aprender a valorar la introspección y el autoanálisis como herramientas esenciales para el crecimiento personal y espiritual. Practicar la estoicidad es mantener la compostura en medio del caos, encontrando un centro de calma que nada externo puede perturbar. Una mente estoica no se deja llevar por los juicios precipitados, sino que toma el tiempo necesario para evaluar los hechos y responder adecuadamente. Es entender que el control sobre nuestras propias reacciones es la mayor forma de poder personal que podemos ejercer. Mantener una mente estoica es resistirse a la tentación de la queja, optando en cambio por la acción constructiva o la aceptación pacífica. Una mente estoica reconoce que el sufrimiento a menudo deriva no de los hechos, sino de nuestra interpretación de estos. Es cultivar la paciencia no solo con las circunstancias, sino también con las personas, entendiendo que cada uno tiene su propio camino y ritmo de crecimiento. Practicar la estoicidad es encontrar belleza y lecciones en la simplicidad, eliminando lo superfluo para concentrarse en lo verdaderamente esencial. Una mente estoica se esfuerza por vivir cada día con propósito, asegurándose de que cada acción refleje sus valores y aspiraciones más altas.

Es desarrollar una capacidad para la adaptabilidad, permitiendo que nuestra comprensión y métodos evolucionen a medida que ganamos más conocimiento y experiencia. Mantener una mente estoica es enfrentar los miedos no como barreras, sino como puertas hacia nuevas fortalezas y descubrimientos. Una mente estoica abraza el deber y la responsabilidad con vigor, viendo en estos no una carga, sino una oportunidad para contribuir y dar sentido a la vida. Es practicar la ecuanimidad ante los elogios y las críticas, entendiendo que ambos son efímeros y que lo que realmente importa es nuestra integridad. Practicar la estoicidad es mantener siempre una perspectiva amplia, considerando las consecuencias a largo plazo de nuestras acciones y decisiones. Una mente estoica valora el silencio como una forma de sabiduría, aprendiendo cuándo es más poderoso callar que hablar. Es reconocer que la verdadera compasión hacia otros surge de la comprensión profunda y la empatía, no de la mera simpatía emocional. Mantener una mente estoica es comprender que el liderazgo efectivo se basa en el ejemplo personal, no en la autoridad impuesta. Una mente estoica se enfrenta a la vida con la convicción de que la verdad siempre merece ser buscada, aunque desafíe nuestras creencias actuales.

Es aprender a ser flexible en las tácticas, pero inquebrantable en los principios, ajustando los métodos sin comprometer los valores fundamentales. Practicar la estoicidad es reconocer la dignidad inherente en cada persona, tratando a todos con respeto y justicia, independientemente de su estatus o situación. Una mente estoica se mantiene curiosa y abierta, siempre dispuesta a aprender de nuevas fuentes y a reconsiderar lo que se daba por sabido.

Es cultivar la gratitud diaria, no solo por las grandes bendiciones, sino también por las pequeñas alegrías y lecciones que cada día trae. Mantener una mente estoica es no dejarse dominar por el deseo de aprobación, sino buscar la validación interna de vivir de acuerdo con nuestros propios estándares de virtud. Una mente estoica no evita las emociones, sino que las entiende y las maneja con cuidado, guiándolas con la razón y la experiencia. Es enfrentar la inevitabilidad de la muerte con un espíritu sereno, utilizando esta conciencia para intensificar nuestra pasión por la vida y nuestra dedicación a vivir bien. Practicar la estoicidad es mantener un sentido de humor sobre la vida, encontrando espacio para la risa y el juego incluso en medio del trabajo serio y la disciplina. Una mente estoica se enorgullece de la autenticidad, eligiendo siempre la expresión genuina sobre la conveniencia o el disfraz.

Es reconocer que el equilibrio emocional es esencial para la salud mental y física, y dedicarse conscientemente a cultivar este equilibrio. Mantener una mente estoica es ser consciente de nuestras limitaciones y trabajar dentro de ellas, mientras buscamos expandir esos límites a través del crecimiento personal. Una mente estoica se esfuerza por mantener relaciones significativas, valorando la profundidad sobre la cantidad en sus conexiones con otros. Es tener la valentía de hacer las preguntas difíciles y enfrentar las respuestas incómodas, sabiendo que la verdad es más importante que el confort temporal. Practicar la estoicidad es no temer al cambio, sino abrazarlo como un signo de vida y una oportunidad para la evolución personal y colectiva. Una mente estoica se dedica a vivir con integridad, asegurándose de que cada elección y cada acción estén alineadas con un código moral conscientemente elegido. Es apreciar el arte y la belleza en todas sus formas, viendo en la expresión creativa un reflejo de la complejidad y la riqueza de la experiencia humana.

Mantener una mente estoica es reconocer que el auténtico poder reside en la autodisciplina y el autocontrol, no en la dominación de otros. Una mente estoica busca siempre la simplicidad, eliminando lo innecesario para concentrarse en lo esencial y vivir con claridad y propósito. Es cultivar una pasión por la justicia, defendiendo lo que es justo y correcto, incluso cuando es difícil o impopular. Practicar la estoicidad es aprender a ver cada situación desde múltiples perspectivas, buscando una comprensión más rica y matizada de la vida y sus desafíos. Una mente estoica valora la perseverancia, comprendiendo que la persistencia paciencia es a menudo la clave para superar los obstáculos y alcanzar objetivos a largo plazo. Es encontrar fuerza en la serenidad, sabiendo que la calma interior puede influir positivamente en nuestro entorno y en las personas que nos rodean. Mantener una mente estoica es reconocer la importancia de la autenticidad, siendo fiel a uno mismo en todas las circunstancias y en todas las interacciones. Una mente estoica se compromete a vivir conscientemente, haciendo cada elección con deliberación y considerando sus impactos más amplios. Practicar la estoicidad es abrazar la disciplina como un medio para la libertad, entendiendo que el dominio propio libera nuestro potencial más alto.

Es desarrollar una comprensión profunda de nuestras emociones y reacciones, no para suprimirlas, sino para dirigirlas hacia resultados positivos y constructivos. Una mente estoica acepta que el sufrimiento es parte de la experiencia humana y utiliza ese entendimiento para cultivar compasión y empatía. Es aprender a desapegarse de los resultados mientras se mantiene un compromiso apasionado con el proceso y los esfuerzos diarios. Mantener una mente estoica es ver la vida como una serie de lecciones, cada una ofreciendo sabiduría y oportunidades para la mejora personal. Una mente estoica busca la paz no solo para sí misma, sino como un estado que desea activamente promover en el mundo. Practicar la estoicidad es reconocer nuestras propias fallas y limitaciones, y trabajar humildemente para superarlas sin desánimo. Es mantener la esperanza incluso en los momentos más oscuros, utilizando nuestra filosofía como una linterna que ilumina el camino hacia adelante. Una mente estoica se enfoca en cultivar cualidades internas como la fortaleza, la sabiduría y la moderación, sabiendo que estas son las verdaderas medidas del éxito.

Es enfrentar cada día con un sentido de renovación y posibilidad, dispuesto a aceptar y aprender de todo lo que la vida tiene para ofrecer. Mantener una mente estoica es practicar la generosidad no solo en bienes, sino en espíritu, compartiendo nuestra fortaleza y sabiduría con los demás. Una mente estoica ve cada interacción y cada relación como una oportunidad para practicar la virtud y profundizar el entendimiento mutuo.

Practicar la estoicidad es reconocer la importancia del autocontrol, no como una restricción, sino como una expresión de respeto propio y respeto hacia los demás. Es abrazar la muerte como una parte natural de la vida, preparándose para ese final con la misma atención y cuidado que se aplica a vivir bien. Una mente estoica se ejercita en la aceptación, entendiendo que ciertas cosas están más allá de nuestro control, y que la serenidad proviene de reconocer y adaptarse a esta realidad.

Es valorar la experiencia por encima de la acumulación material, buscando riqueza en el aprendizaje y el crecimiento personal. Mantener una mente estoica es comprometerse con la verdad, buscando siempre la honestidad en nuestros pensamientos, palabras y acciones. Una mente estoica no se precipita en el juicio o la acción, sino que toma tiempo para reflexionar y elegir la respuesta más considerada y apropiada. Practicar la estoicidad es cultivar un espíritu de calma y resistencia, preparado para enfrentar las tempestades de la vida con un corazón inquebrantable.

Es aprender a encontrar satisfacción en lo que tenemos, en lugar de estar siempre buscando lo que falta o lo que podría ser. Una mente estoica se enorgullece de su capacidad para adaptarse y cambiar, viendo la flexibilidad como una fortaleza esencial en un mundo en constante evolución. Es practicar la humildad, reconociendo que, no importa cuánto sepamos o cuán virtuosos seamos, siempre hay más por aprender y formas en las que podemos mejorar. Mantener una mente estoica es enfrentar la realidad de nuestras vidas con un sentido de deber y propósito, encontrando significado en la contribución y el servicio.

Una mente estoica aprecia el silencio y la reflexión como recursos valiosos, utilizándolos para profundizar en el autoconocimiento y la comprensión del mundo. Practicar la estoicidad es mantener un equilibrio entre la mente, el cuerpo y el espíritu, buscando la salud y la armonía integral como fundamentos de una vida virtuosa. Es resistir la tentación de la respuesta fácil o rápida, eligiendo en su lugar el camino que ofrece la mayor integridad y beneficio a largo plazo. Una mente estoica se esfuerza por ser un ejemplo de buena voluntad y benevolencia, influyendo positivamente en su comunidad y más allá. Es aceptar los elogios y las críticas con igual desapego, usando ambos no como medidas de valor personal, sino como fuentes de feedback constructivo. Mantener una mente estoica es reconocer que la paz interior es el mayor tesoro que podemos perseguir, y dedicar nuestros esfuerzos a cultivarla cada día. Una mente estoica ve cada error y cada fracaso como una oportunidad para aprender y madurar, nunca como un motivo para la desesperación o el auto reproche. Practicar la estoicidad es abrazar la vida con todas sus contradicciones y complejidades, buscando la armonía en medio de la diversidad y el cambio. Es vivir con una consciencia plena de la interdependencia de todas las cosas, y actuar con una responsabilidad que refleje esa comprensión. Una mente estoica busca siempre la excelencia, no para superar a otros, sino para alcanzar la plenitud de su propio potencial.

Es enfrentar el sufrimiento y la dificultad con coraje, sabiendo que nuestra capacidad para superar adversidades es una medida de nuestro carácter y nuestra resiliencia. Mantener una mente estoica es desarrollar una visión clara de nuestras aspiraciones y valores, y perseguirlos con una dedicación inquebrantable. Una mente estoica se nutre de la literatura, la historia, y la filosofía, encontrando en ellas alimentos para el espíritu y guías para la vida. Practicar la estoicidad es reconocer que cada día es una bendición y un regalo, y que cómo elegimos vivir ese día es nuestra respuesta más profunda a ese regalo.

Es aprender a ver lo extraordinario en lo ordinario, encontrando profundidad y significado en las rutinas y los detalles cotidianos. Una mente estoica se mantiene firme en sus principios incluso cuando es más fácil ceder, sabiendo que la integridad es la base de todo verdadero éxito y satisfacción. Es cultivar una actitud de servicio, buscando maneras de contribuir positivamente al bienestar de otros y al mejoramiento del mundo. Mantener una mente estoica es tener la valentía de vivir verdaderamente según nuestras convicciones, incluso cuando enfrentamos oposición o incomprensión. Una mente estoica se deleita en la capacidad de estar solo consigo misma, encontrando en la soledad un espacio para la reflexión y el crecimiento personal.

Practicar la estoicidad es estar dispuesto a perdonar, sabiendo que el perdón es una fortaleza que libera tanto al que perdona como al perdonado. Es entender que cada interacción y cada relación ofrece una oportunidad para practicar la virtud y para influir positivamente en los demás. Mantener una mente estoica es resistir la tentación de la complacencia, siempre buscando formas de desafiarse y de expandir los propios límites. Una mente estoica se compromete con la honestidad radical, en la convicción de que la verdad es fundamental para una vida auténtica y significativa.

Es reconocer que el auténtico crecimiento a menudo viene acompañado de dolor, y que enfrentar ese dolor con gracia y fortaleza es parte de nuestro desarrollo. Practicar la estoicidad es mantener un espíritu de curiosidad y apertura, dispuesto siempre a aprender nuevas verdades y a cuestionar supuestos antiguos. Una mente estoica se enfoca en construir y mantener la paz interna, sabiendo que esta es la clave para enfrentar efectivamente los desafíos externos. Es apreciar la vida como un viaje continuo de descubrimiento y aventura, cada día ofreciendo nuevas posibilidades para explorar y crecer. Mantener una mente estoica es vivir con pasión y propósito, pero sin dejar que estas nos dominen o nos desvíen de nuestro camino ético. Una mente estoica se compromete a vivir de manera que, al final de sus días, pueda mirar hacia atrás con satisfacción, sabiendo que ha vivido bien, amado bien, y dejado un legado de virtud y sabiduría.

Con estas palabras, les dejo con la esperanza de que cada uno de ustedes encuentre la fortaleza y la serenidad en la práctica del estoicismo. Que la sabiduría de mantener una mente equilibrada y compasiva ilumine su camino y les inspire a enfrentar los desafíos de la vida con coraje y gracia. Avancen con el conocimiento de que cada momento es una nueva oportunidad para crecer, para elegir la virtud sobre la conveniencia, y para dejar una huella de bondad y entendimiento en el mundo. Hasta siempre, y que su viaje sea pleno y profundamente significativo.

NO SEAS COMO TUS ENEMIGOS

Mantén tu camino iluminado por la virtud, incluso cuando los demás elijan la oscuridad de la venganza y el odio. No permitas que la conducta de otros moldee la tuya; sé un ejemplo de bondad y respeto en un mar de hostilidad. Recuerda que la grandeza no se mide por cómo derribas a tus enemigos, sino por cómo ayudas a levantar a los demás. No te rebajes al nivel de aquellos que buscan el conflicto; eleva tus acciones hacia la compasión y la comprensión. Responder al odio con odio solo perpetúa un ciclo de dolor; rompe ese ciclo con actos de amor inesperado.

Enfrenta a tus enemigos con la armadura de la paciencia y el escudo de la sabiduría; ellos no pueden penetrar un corazón fortalecido por la paz. No te dejes contaminar por las actitudes negativas de aquellos que te desafían; mantén limpio tu espíritu mediante la práctica del perdón. Ser diferente a tus enemigos no es solo un acto de rebeldía, es un compromiso con una vida mejor y más plena.

No imites las acciones de tus adversarios; crea tu propio legado, uno que sea recordado por la benevolencia y la justicia. Cuando sientas el impulso de actuar como aquellos que te oponen, recuerda que la verdadera victoria es cambiar el juego, no solo ganar una partida. No permitas que el comportamiento de otros dicte tu dirección; sigue el curso que tu conciencia te dicta. En cada intento de provocarte, encuentra una oportunidad para demostrar que la serenidad es más poderosa que la ira. No seas como tus enemigos, cuyas acciones están guiadas por el miedo y la inseguridad; deja que el amor y la seguridad en ti mismo guíen tus pasos. Al enfrentarte a la malicia, recuerda que cada momento de odio que rechazas es una victoria personal. Sé el reflejo de lo que deseas ver en el mundo, no un espejo de las injusticias que te rodean. No te dejes arrastrar por el deseo de venganza; el camino de la retribución es solitario y oscuro. Mantén tu dignidad incluso cuando otros intenten socavarla; tu respeto propio vale más que cualquier victoria pírrica. No respondas a la agresión con más de lo mismo; busca siempre la respuesta que promueva la paz y la reconciliación.

Sé cómo el río que fluye alrededor de las rocas; la persistencia suave pero constante es más eficaz que la fuerza brusca. No permitas que la amargura de las luchas pasadas envenene tu presente; vive cada día fresco, sin las sombras de la enemistad. Al enfrentarte a aquellos que te desprecian, sé un faro de luz; tu brillo puede guiar incluso a los más perdidos. No adoptes las tácticas de tus adversarios; tu estrategia debe ser siempre la autenticidad y la honestidad. Recuerda que cada acto de gentileza hacia un enemigo es un paso hacia la transformación del conflicto en cooperación.

No te conviertas en lo que desprecias; mantén tus principios elevados incluso en las circunstancias más desafiantes. Al resistirte a ser como tus enemigos, afirmas tu individualidad y refuerzas tu carácter. Deja que tus enemigos sean maestros que te enseñan lo que es crucial evitar; aprende de sus errores en lugar de replicarlos. En lugar de combatir el odio con más odio, ofrece comprensión; es el antídoto más potente contra la enemistad. No te permitas ser arrastrado al barro con aquellos que carecen de visión; mantén tus ojos fijos en las estrellas de tus más altos ideales. Sé un ejemplo de lo que significa vivir sin miedo a la crítica o al conflicto; tu coraje inspirará a otros a hacer lo mismo. Al elegir no ser como tus enemigos, eliges un camino menos transitado, pero infinitamente más gratificante. Recuerda que la imitación de la negatividad solo te llevará a más oscuridad; busca siempre la luz en tus acciones y palabras.

No permitas que la ira de otros determine tu respuesta; el autocontrol es tu verdadero poder. En cada interacción con tus enemigos, pregunta: ¿Esto alimenta el ego o nutre el alma? Elige siempre lo segundo. No te dejes seducir por la facilidad de la represalia; la verdadera fuerza reside en la capacidad de responder con gracia bajo presión. Sé el calmante de las tormentas que otros desatan; tu serenidad puede ser el catalizador para el cambio en aquellos a tu alrededor.

No imites la conducta mezquina de tus adversarios; aspira siempre a la magnanimidad y la grandeza de espíritu. Frente a la provocación, mantén un corazón y un compromiso inquebrantables con tus principios. No te conviertas en un reflejo de tus adversarios; refleja, en cambio, tus más profundas convicciones y tu visión más elevada de la humanidad. Al negarte a ser como tus enemigos, rompes el ciclo de negatividad y abres la puerta a nuevas posibilidades de entendimiento. No dejes que las acciones de otros dicten tu curso; elige el camino que resuena con la verdad de tu alma. Cuando te enfrentes a la hostilidad, ofrece la mano abierta de la paz en lugar del puño de la guerra. Recuerda, al decidir no ser como tus enemigos, estás eligiendo construir en lugar de destruir. No te dejes arrastrar por el deseo de probar tu superioridad; la verdadera superioridad se demuestra a través del respeto y la ética. En cada decisión, elige actuar de manera que, si todos te imitaran, el mundo sería un lugar mejor. No permitas que el rencor llene tu corazón; vacíalo con actos de perdón y palabras de aliento. Sé cómo el sol que brilla igual sobre todos, sin importar sus faltas o méritos.

Frente a aquellos que siembran discordia, planta semillas de armonía; tu cosecha será rica en paz y satisfacción. No caigas en la trampa de actuar bajo el calor de la emoción; enfriar tu mente te permitirá ver con claridad y actuar con justicia. Que tu presencia sea un antídoto contra la toxicidad de tus enemigos; un recordatorio de que hay otro camino posible. No permitas que la negatividad de otros se convierta en tu narrativa; escribe tu historia con tinta de esperanza y páginas de resiliencia.

Al resistirte a ser como tus enemigos, demuestras que la independencia de pensamiento y la integridad son tus verdaderos aliados. No te pierdas en el laberinto de la venganza; el camino directo de la integridad te llevará a destinos más altos. Recuerda que cada momento de paciencia frente a la provocación es una victoria sobre aquellos que buscan desestabilizarte. No te contamines con la amargura de las batallas pasadas; mantén tu espíritu limpio y tu mirada fija en un futuro luminoso. No imites la desesperación de tus enemigos; cultiva la esperanza y la determinación, pues son ellas las que forjan el carácter de los campeones. Frente a la crítica destructiva, ofrece constructividad y apoyo; tus palabras pueden cambiar corazones y mentes. No permitas que el miedo de tus adversarios te infunda miedo; vive con la audacia de quien sabe que está guiado por la luz de la verdad. Cuando otros se muevan en círculos de conflicto, traza tu ruta recta hacia la reconciliación y el entendimiento. No dejes que la ira de tus enemigos encienda la tuya; apaga las llamas con gestos de bondad inesperada. Al elegir no ser como tus enemigos, te conviertes en un pionero de la paz, un arquitecto de puentes en lugar de muros.

No respondas a la oscuridad con más oscuridad; sé la luz que disipa las sombras de la ignorancia y el miedo. Mantén tu integridad como tu posesión más preciada; ella te guiará seguramente a través de las pruebas y las tribulaciones. No permitas que la hostilidad de otros erosione tu compasión; es tu empatía lo que te distingue y te fortalece. Frente al desprecio, responde con dignidad; frente al desdén, ofrece respeto. Así, enseñas por el ejemplo la grandeza del espíritu humano.

No te envenenes con el rencor hacia aquellos que te desafían; limpiar tu corazón de resentimientos te liberará. Al enfrentar la adversidad, muestra que es posible actuar con honor y respeto, incluso en las circunstancias más difíciles. No imites la cerrazón de tus enemigos; mantén siempre abierta la puerta del diálogo y la posibilidad de cambio. Recuerda que ser diferente a tus enemigos te ofrece una perspectiva única; usa esa visión para fomentar el cambio y la innovación. No permitas que las provocaciones te desvíen; mantén tu rumbo con la serenidad de quien conoce bien sus destinos. Al no ser como tus enemigos, reafirmas tu compromiso con un mundo donde la cooperación triunfa sobre el conflicto. No dejes que el cinismo de otros apague tu entusiasmo; tu pasión es un poderoso motor de cambio y un antídoto contra la desesperación.

Mantén la claridad de tu visión incluso en medio del caos; es tu enfoque lo que dictará tu éxito y no las distracciones externas. Frente a la agresión, mantén la calma; tu tranquilidad desconcertará a tus adversarios y fortalecerá tu posición. No te dejes arrastrar por la corriente de la amargura; nada es tan corrosivo para el alma como el veneno del resentimiento. Sé cómo el árbol que se inclina, pero no se rompe frente a los vientos adversos; tu flexibilidad te permitirá sobrevivir y prosperar. No imites la impaciencia y la impulsividad de tus enemigos; un espíritu meditativo y reflexivo es más poderoso que la reacción precipitada.

Frente a la traición, ofrece lealtad; frente a la decepción, muestra comprensión. Tus virtudes son la mejor respuesta a los vicios de otros. No permitas que el desánimo se apodere de ti; cada desafío es una invitación a redoblar tus esfuerzos y a reafirmar tus convicciones. Al no ser como tus enemigos, demuestras que hay otra manera de vivir y de interactuar, una que promueve la paz y el entendimiento mutuo. No dejes que la negatividad de otros nuble tu perspectiva; mantén siempre una visión optimista, pues es ella la que atrae las mejores posibilidades. Mantén tu espíritu elevado por encima de las mezquindades que puedas encontrar; tu altura moral será tu mejor defensa. No imites la superficialidad de tus enemigos; busca siempre la profundidad, en tus pensamientos, tus emociones y tus acciones. Frente al egoísmo, practica la generosidad; es tu capacidad para dar, no para tomar, lo que realmente enriquece tu vida. No permitas que la rigidez de otros limite tu capacidad de adaptación; ser flexible te permitirá navegar los cambios con gracia y eficacia. Al enfrentar el desprecio, no respondas con desdén; tu capacidad para mantener la cortesía y el respeto te distingue y te eleva.

No dejes que la ira de tus enemigos se convierta en tu ira; mantener la paz interna es crucial para una vida saludable y armoniosa. Frente a la crítica destructiva, ofrece feedback constructivo; transforma cada interacción en una oportunidad para el crecimiento y la mejora. No permitas que la desconfianza generalizada te haga cínico; tu fe en la humanidad y en las posibilidades de mejora es una poderosa fuerza para el bien. Mantén tu corazón abierto y tu mente clara; no ser como tus enemigos te libera para explorar nuevas formas de ser y de relacionarte.

Frente a la adversidad, recuerda que tu reacción es tu responsabilidad; elige actuar de manera que refleje tus valores más profundos. No dejes que la conducta de otros te distraiga de tu propósito principal; sigue adelante con determinación y foco. Al no ser como tus enemigos, no solo te elevas por encima de la fricción y el conflicto, sino que también abres caminos hacia la reconciliación y la paz.

No imites la cerrazón mental de aquellos que te desafían; una mente abierta es un signo de fuerza, no de debilidad. Frente al pesimismo ambiental, sé un portador de esperanza; tu optimismo será un bálsamo para aquellos cansados del conflicto. No permitas que la frialdad de otros enfríe tu corazón; sigue siendo cálido y accesible, un refugio seguro para amigos y extraños por igual. Sé cómo la luz que disipa la oscuridad; no permitas que la negatividad de tus enemigos oscurezca tu camino o tu espíritu. Frente a la envidia, ofrece aliento; al enfrentar la codicia, practica la generosidad.

Tus acciones positivas pueden cambiar el curso de las relaciones. No dejes que la hostilidad te haga hostil; responde siempre con la serenidad y el equilibrio que caracterizan a los verdaderos líderes. Al no ser como tus enemigos, te conviertes en un testimonio vivo de que hay alternativas al conflicto y la división. Mantén siempre en alto el estandarte de tu integridad; no permitas que las tácticas de tus enemigos te hagan desviarte de tu senda ética. No permitas que la dureza de otros endurezca tu propio corazón; en su lugar, que cada acto de dureza te haga más compasivo.

No dejes que las malas acciones de otros dicten tus buenas intenciones; sé el cambio que deseas ver en el mundo. Responde a la crítica con autocrítica constructiva y a la hostilidad con entendimiento, mostrando una manera más elevada de interactuar. Cuando otros recurran a la mentira, aférrate aún más fuerte a la verdad; tu honestidad será tu escudo y tu espada. No te dejes seducir por el camino fácil de la reciprocidad negativa; el camino difícil del perdón y la paciencia ofrece recompensas mucho mayores. Enfrenta la negatividad no con negatividad, sino con una firmeza serena que desarme a tus adversarios y preserve tu paz interior. No permitas que las tácticas intimidatorias de tus enemigos te lleven a actuar fuera de tu carácter; mantén la calma y la dignidad en todas las circunstancias. Frente a la burla, no respondas en especie; deja que tu silencio hable de tu fuerza y tu indiferencia a la provocación. No caigas en la trampa de justificar medios poco éticos con fines aparentemente justos; mantén limpias tanto tus metas como tus métodos.

Cuando otros se muevan por la ira, muévete por la comprensión; cuando actúen por impulsos, actúa con deliberación. Frente a la cerrazón de mente, ofrece apertura y disposición al diálogo; tu flexibilidad puede abrir puertas cerradas por la intransigencia. No permitas que la agresión de otros genere en ti deseos de venganza; busca siempre la reconciliación y la sanación.

Cuando te enfrentes a la traición, responde con fidelidad a tus principios; que tu lealtad sea a tus valores, no a las circunstancias cambiantes. No imites el pesimismo de tus detractores; mantén una visión positiva y esperanzada, pues ella te guiará en los tiempos oscuros. En lugar de competir con tus enemigos en una carrera hacia el fondo, esfuérzate por elevar el estándar de conducta para todos. No dejes que la mezquindad de otros contraiga tu generosidad; extiende tu mano aún más ampliamente y con más calidez. Frente a la deshonestidad, sé un pilar de la verdad; tu integridad es un faro en un mar de engaño. Cuando otros usen sus palabras para herir, usa las tuyas para sanar; las palabras pueden ser medicina o veneno, y tú eliges qué recetar. No sigas a aquellos que lideran por el miedo; lidera con amor, y atraerás a aquellos que buscan luz, no sombras. En lugar de cerrarte en respuesta a la crueldad, ábrete a aquellos que necesitan tu bondad más que nunca. No permitas que la frialdad de otros enfríe tu entusiasmo por la vida y las relaciones; tu calor puede derretir incluso los corazones más helados.

Frente a la indiferencia, muestra profundo interés y cuidado; tu atención puede ser el regalo que otros están esperando. No dejes que la crítica destructiva destruya tu autoestima; utiliza la crítica constructiva para construirte a ti mismo y a los demás. Cuando te enfrentes a la exclusión, responde con inclusión; crea un círculo más amplio que acoja a aquellos dejados de lado por otros. No permitas que la rabia de tus enemigos alimente tu propia ira; en su lugar, que alimente tu determinación para actuar con gracia. Frente a la codicia, practica la caridad; tu generosidad demostrará que hay más felicidad en dar que en recibir. No dejes que las actitudes cínicas disminuyan tu capacidad de soñar; los soñadores son los que finalmente moldean el futuro.

En lugar de dominar, busca empoderar; en el empoderamiento de otros, encontrarás tu verdadera fuerza. Frente al desaliento, sé una fuente de motivación; tus palabras de aliento pueden ser el impulso que otros necesitan para continuar. No permitas que el miedo a la traición te haga desconfiar de todos; confía, pero con sabiduría y discernimiento. Cuando te enfrentes a la rigidez, sé adaptable; como el agua que fluye alrededor de las rocas, encuentra tu camino con persistencia suave. No dejes que el desprecio de otros te haga despreciar; ve el valor en cada persona, incluso en aquellos que no ven el tuyo. Frente a la arrogancia, mantén la humildad; es en la quietud de la humildad donde a menudo encontramos nuestra grandeza. Cuando otros te empujen hacia la desesperación, aférrate a la esperanza; ella es el ancla que mantendrá tu alma a flote. No permitas que la competencia despiadada te haga olvidar la colaboración; juntos, podemos lograr más de lo que podemos separados. Frente al individualismo extremo, celebra la comunidad; nuestra interconexión es nuestra red de seguridad más fuerte.

No dejes que la impaciencia te haga actuar precipitadamente; la paciencia es una virtud que a menudo conduce a mejores resultados. En lugar de juzgar rápidamente, busca entender profundamente; muchos conflictos son el resultado de malentendidos que podrían evitarse. Frente a la intransigencia, sé persuasivo; usa la lógica y el afecto para abrir mentes cerradas. No permitas que la hostilidad te haga hostil; la amabilidad en respuesta a la hostilidad es una forma poderosa de subvertir las expectativas. Cuando otros se aferren al pasado, mira hacia el futuro; allí es donde se encuentran las soluciones, no en los errores antiguos.

No dejes que las tácticas de miedo te intimiden; enfrenta tus miedos con coraje y convierte tus ansiedades en oportunidades. Frente a la opresión, sé un defensor de la libertad; tu voz puede ser el grito que libere no solo a ti mismo sino también a otros. No permitas que la falta de visión de otros limite tu horizonte; mira más allá, hacia las posibilidades que aún no se han explorado. Cuando te enfrentes a la injusticia, no la perpetúes; busca siempre restaurar el equilibrio y promover la equidad. No dejes que el cinismo de otros envenene tu visión del mundo; mantén una perspectiva fresca y optimista, sin importar las circunstancias. Frente a la deslealtad, sé aún más leal a aquellos que dependen de ti; tu consistencia es un pilar en el que pueden apoyarse. No permitas que la pequeñez de otros reduzca tu capacidad de ser grande; en tus actos de grandeza, enseñas a otros cómo serlo también.

Cuando otros duden de ti, no dudes de ti mismo; tu autoconfianza es la armadura que te protegerá de las flechas de la negatividad. Frente a la apatía, sé apasionado; tu pasión puede encender la chispa que reviva el interés y la acción en aquellos a tu alrededor. No dejes que la ira sea tu consejera; deja que la serenidad y la reflexión guíen tus decisiones y acciones. Cuando te enfrentes a la vulgaridad, responde con elegancia; tu gracia elevará el tono de cualquier interacción. No permitas que el egoísmo de otros fomente tu propio egoísmo; ser generoso en un mundo que promueve lo contrario es un acto revolucionario.

Frente a la ignorancia, ofrece educación y conocimiento; iluminar las mentes es una forma segura de mejorar el mundo. No dejes que la desesperanza se arraigue en ti; mantén viva la fe en un futuro mejor y trabaja incansablemente para hacerlo realidad. Cuando otros actúen con imprudencia, elige la prudencia; tu cautela es una inversión en tu futuro y en el bienestar de los demás. No permitas que la malicia guíe tus acciones; el amor y la comprensión son las fuerzas que realmente tienen el poder de transformar. Frente a la presión para conformarte, mantente firme en tus convicciones; ser auténtico es el mayor regalo que puedes ofrecerte a ti mismo y al mundo. No dejes que la tristeza de otros se convierta en tu propia tristeza; ofrece consuelo y esperanza, y encuentra alegría en el acto de ayudar. Cuando la vida te ofrezca crueldad, responde con gentileza; tu suavidad puede ser la llave que desbloquee un corazón endurecido. No permitas que la amargura te robe la dulzura de la vida; saborea cada momento, cada conexión, cada pequeña victoria. Frente al fracaso, no te desanimes; cada caída es una lección y cada levantarse es una demostración de tu resistencia.

Cuando otros se deleiten en la crítica, encuentra valor en la autoevaluación y en el esfuerzo continuo por mejorar. No dejes que la envidia coloree tu perspectiva; celebra los éxitos de otros como si fueran tuyos, y encuentra inspiración en ellos. Frente al rencor, ofrece reconciliación; a menudo, aquellos que guardan rencor son los que más necesitan paz. No permitas que el escepticismo te haga escéptico; mantén una mente abierta y un corazón dispuesto a recibir nuevas ideas y personas. Cuando te enfrentes a la exclusión, crea espacios de inclusión; ser un constructor de comunidades es un acto de verdadero liderazgo.

No dejes que la duda te haga dudar de tu capacidad; confía en tus habilidades, en tu intuición y en tu potencial para hacer el bien. Frente a la deshonestidad, refuerza tu compromiso con la transparencia; ser un libro abierto en un mundo de secretos es un acto de valentía. No permitas que la frialdad de otros enfríe tu empatía; el calor humano que ofreces puede derretir incluso el hielo más grueso. Cuando otros se sumerjan en el pesimismo, sé un faro de optimismo; tu esperanza puede ser el rayo de luz que otros necesitan para ver su camino. No dejes que el miedo gobierne tus decisiones; enfrenta tus miedos con coraje y convierte cada temor en una oportunidad para el crecimiento. Frente a la manipulación, practica la sinceridad; tu honestidad desarmará a aquellos que dependen de la astucia y la artimaña. No permitas que la agresión despierte tu propia agresividad; responder con calma y control puede cambiar el tono de cualquier confrontación. Cuando la vida te ponga obstáculos, úsalos como escalones; cada desafío superado te eleva a nuevas alturas de comprensión y habilidad.

No dejes que la crítica te haga crítico de ti mismo; utiliza la retroalimentación como una herramienta para el automejoramiento, no como un arma contra tu autoestima. Frente a la falta de respeto, mantén tu respetabilidad; ser respetuoso incluso en las situaciones más difíciles te distingue como alguien digno de estima. No permitas que la competitividad te haga perder de vista la colaboración; trabajar juntos a menudo produce mejores resultados que trabajar en contra. Cuando otros recurran al cinismo, ofrece esperanza y optimismo; tu visión positiva puede inspirar cambio donde el pesimismo ha echado raíces.

No dejes que las dificultades te endurezcan; permíteles enseñarte flexibilidad y fortaleza, haciendo de ti un individuo más capaz y compasivo. Frente a la indiferencia, muestra pasión; tu entusiasmo puede encender la chispa que anime a otros a cuidar y actuar. No permitas que las limitaciones impuestas por otros limiten tu imaginación o tus acciones; encuentra caminos creativos para expresarte y lograr tus objetivos. Cuando te enfrentes a la hostilidad, responde con actitudes que fomenten el entendimiento y la paz; tu capacidad para mediar y suavizar conflictos es preciosa. No dejes que el desánimo te robe la determinación; renueva tu compromiso con tus metas cada día, y enfrenta cada desafío con renovado vigor. Frente a la desvalorización, valora aún más a aquellos a tu alrededor; reconoce y celebra el valor de cada persona, fortaleciendo los lazos que unen. No permitas que la negatividad ambiental nuble tu visión clara; mantén tu enfoque en lo positivo, lo constructivo y lo posible. Cuando otros actúen con imprudencia, elige actuar con consideración y cuidado; tu prudencia preservará tanto tu bienestar como el de los demás.

No dejes que la presión para conformarte te desvíe de tu autenticidad; ser fiel a ti mismo es el mayor acto de rebeldía en un mundo que a menudo premia la conformidad. Frente a la falta de apoyo, sé tu propio mayor animador; la autoconfianza es contagiosa y puede inspirar a otros a creer en ti y en tus visiones. No permitas que la frialdad de las relaciones modernas enfríe tu deseo de conexión humana; busca y nutre relaciones significativas que enriquezcan tu vida y la de otros. Cuando enfrentes la injusticia, sé un defensor de la justicia; tu voz y tus acciones pueden ser cruciales en la lucha por la equidad y el respeto mutuo. No dejes que la cultura del individualismo te aisle; reconoce y celebra tu interdependencia con los demás y con el mundo que te rodea.

Frente a la desesperanza, ofrece soluciones; ser un solucionador de problemas en un mar de quejas te establecerá como un líder y un innovador. No permitas que el egoísmo te haga egoísta; practica la generosidad en todas sus formas, y descubrirás que, en dar, realmente recibes. Cuando otros miren hacia abajo, alza la vista; enfocarte en las alturas te ayudará a elevar no solo tus pensamientos sino también tus acciones.

No dejes que la dureza del mundo endurezca tu corazón; mantener tu sensibilidad es esencial para comprender y responder efectivamente a las necesidades de los demás. Frente al cinismo, mantén tu idealismo; es tu creencia en lo mejor de la humanidad lo que te llevará a través de tiempos difíciles y te permitirá impactar positivamente el mundo. No permitas que la velocidad de la vida moderna te haga apresurado; tomarte tu tiempo para reflexionar y conectar profundamente te ofrecerá una existencia más rica y significativa.

Cuando otros se conformen con la mediocridad, aspira a la excelencia; tu dedicación a ser lo mejor que puedes ser servirá como un faro para aquellos que buscan dirección. No dejes que la superficialidad de las interacciones cotidianas te desanime de buscar profundidad en tus relaciones y en tus perspectivas; profundizar te llevará a descubrimientos más ricos y satisfactorios. Mantén la serenidad ante la provocación; tu calma desarmará a aquellos que buscan desestabilizarte. No dejes que la agitación de otros agite tu propio equilibrio interno; mantente firme y centrado en tus principios.

Frente a la indiferencia, muestra interés y cuidado; ser empático en un mundo distante es un acto de valentía. No imites la falta de paciencia; la capacidad de esperar y actuar en el momento adecuado es una virtud que debes cultivar. Cuando te enfrentes a la arrogancia, responde con humildad; tu modestia puede enseñar más que cualquier palabra altiva. No permitas que el cinismo te haga desconfiado; la confianza puede ser un riesgo, pero también es la base de todas las relaciones significativas.

En lugar de resentir, busca entender; muchos conflictos nacen de malentendidos que pueden resolverse con empatía. No te dejes llevar por impulsos destructivos; el autocontrol es una fortaleza que construye, no que derriba. Frente a la derrota, no caigas en la desesperación; cada fracaso es un peldaño en el camino hacia el éxito. No permitas que la aspereza de otros endurezca tu corazón; sigue siendo receptivo y abierto a nuevas experiencias y personas.

Cuando otros se encierren en sí mismos, extiende tu mundo invitando a otros a compartir en tu vida y tus sueños. No imites la despreocupación por las consecuencias; considera el impacto a largo plazo de tus acciones en ti y en los demás. Frente a la manipulación, sé genuino; la autenticidad disipa engaños y construye relaciones sólidas y verdaderas. No permitas que la presión social te desvíe de tu curso; ser fiel a uno mismo es el verdadero camino hacia la realización personal. En un mundo que premia la competencia feroz, practica la cooperación; trabajar juntos nos eleva a todos.

No dejes que la amargura sea tu respuesta a la injusticia; lucha por la justicia con un espíritu de reparación y esperanza. Frente a la mentira, sé un pilar de la verdad; tu honestidad iluminará las sombras de la deshonestidad. No permitas que el miedo te paralice; enfrentarlo con coraje es el primer paso hacia la superación. Cuando la negatividad te rodee, sé una fuente de positividad; tu buen ánimo puede cambiar el ambiente a tu alrededor.

No te conformes con la superficialidad en tus interacciones; busca conexiones profundas que enriquezcan tu vida y la de los demás. Frente al desaliento, mantén la esperanza; es tu ancla en las tormentas y tu guía a través de la oscuridad. No permitas que el escepticismo ahogue tus sueños; persíguelos con la convicción de que son alcanzables, no importa lo que otros digan. Cuando otros duden, muestra confianza; tu seguridad puede inspirar a otros a creer en sí mismos y en sus capacidades. No dejes que el egoísmo gobierne tus decisiones; la generosidad de espíritu trae recompensas más allá de lo material. Frente al fracaso, no te des por vencido; cada revés es una oportunidad para aprender y crecer.

No permitas que la impaciencia te lleve a decisiones precipitadas; la reflexión cuidadosa conduce a elecciones más sabias. En un entorno de juicio y crítica, ofrece aceptación y apoyo; tu benevolencia puede ser el refugio que otros necesitan. No imites la rigidez de aquellos atrapados en sus caminos; la adaptabilidad es clave en un mundo en constante cambio. Frente a la crítica, no respondas con defensiva; utiliza la retroalimentación para mejorar y fortalecerte. No permitas que la desconfianza te cierre; ser vulnerable y abierto puede llevar a las relaciones más significativas y satisfactorias. Cuando enfrentes la envidia, no la alimentes con orgullo; actúa con humildad y comparte tus éxitos. No te dejes consumir por el resentimiento; liberarte de su carga te permitirá avanzar hacia un futuro más prometedor. Frente a la intolerancia, sé un campeón de la diversidad; celebra las diferencias que enriquecen nuestra experiencia humana. No permitas que el descontento te amargue; busca activamente maneras de mejorar tu situación y la de los demás.

En un mundo que a veces parece despiadado, sé excepcionalmente amable; tu bondad es una fuerza revolucionaria. No te resignes a la mediocridad por temor al fracaso; aspira a la excelencia en todo lo que haces. Frente al cinismo, mantén tu idealismo; es tu visión la que puede llevar a cambios positivos y duraderos. No permitas que la presión de conformarte aplaste tu espíritu único; tu individualidad es tu regalo al mundo. Cuando otros se apresuren a juzgar, toma tiempo para entender; a menudo, lo que se necesita es comprensión, no juicio. No dejes que la competencia te haga perder de vista la colaboración; juntos, podemos lograr más que la suma de nuestros esfuerzos individuales. Frente a la adversidad, no te desanimes; cada desafío es una prueba de tu resiliencia y determinación.

No permitas que el pesimismo nuble tu visión del futuro; mantén una perspectiva esperanzadora que te motive a seguir adelante. Cuando la vida te presente obstáculos, usa tu ingenio para superarlos; cada solución encontrada es un paso hacia adelante. No te dejes llevar por la corriente de negatividad; en cambio, nada contra la corriente y busca siempre lo positivo. Frente a la hostilidad, ofrece paz; tu disposición a resolver conflictos puede transformar situaciones tensas en oportunidades para la armonía. No permitas que la frialdad de otros enfríe tu capacidad de amar y sentir; tus emociones son la esencia de tu humanidad. Cuando te enfrentes a la exclusión, crea un espacio de inclusión para ti y para otros; ser acogedor es un acto de bondad radical. No dejes que el estrés y la prisa dicten tu vida; encuentra momentos para la calma y la reflexión que te centren y te renueven.

Frente a la desilusión, encuentra fuerzas para Re imaginar tus esperanzas y sueños; reinventarte es un poder que todos poseemos. No permitas que la dureza del mundo endurezca tu alma; mantener tu sensibilidad es esencial para conectar verdaderamente con los demás y vivir una vida plena. No permitas que la crítica negativa moldee tu autoimagen; encuentra valor en cada experiencia como una oportunidad para el crecimiento personal. Frente a la desesperación, cultiva la resiliencia; tu capacidad para recuperarte define tu fortaleza más que cualquier éxito inmediato. No imites la impulsividad; la reflexión y la calma en tus decisiones te guiarán hacia resultados más sabios y considerados. Cuando otros opten por el camino del deshonor, mantén tu ética inquebrantable; tu honor es un tesoro que preservar.

No permitas que el pesimismo de otros nuble tu perspectiva optimista; tu esperanza es una luz que puede iluminar el camino para muchos. En un entorno de desconfianza, sé un ejemplo de fiabilidad y sinceridad; la integridad atrae confianza y respeta a largo plazo. Frente a la manipulación, elige la transparencia; ser claro y abierto en tus intenciones fortalece las relaciones genuinas. No dejes que la falta de compasión endurezca tu propio corazón; ser compasivo es un acto de rebelión en un mundo a menudo indiferente. Cuando te enfrentes al egoísmo, practica la generosidad; dar de ti mismo puede cambiar no solo tu vida sino también la de los demás. No permitas que la ansiedad por el futuro te impida disfrutar el presente; vive cada momento plenamente y con gratitud.

Frente a la hostilidad, ofrece palabras de paz; tu capacidad para calmar las aguas turbulentas puede transformar situaciones enteras. No imites la superficialidad; busca profundidad en tus pensamientos, tus relaciones y tus acciones. Cuando otros sucumban al desánimo, sé una fuente de motivación y aliento; tu energía positiva puede ser contagiosa. No permitas que la amargura de experiencias pasadas tinte tu presente; el perdón te libera para vivir plenamente. En un mundo que valora la apariencia, enfócate en la sustancia; lo que eres dentro es más importante que lo que muestras fuera.

Frente a la crueldad, mantén tu amabilidad; es un acto de valentía mantener la ternura en tiempos de dureza. No dejes que la desilusión te desvíe de tus metas; renueva tu compromiso con tus sueños cada día. Cuando enfrentes la envidia, responde con elogios y reconocimiento hacia los demás; promover el éxito ajeno crea un ambiente de apoyo mutuo. No permitas que el miedo a fallar te impida intentarlo; el coraje de perseguir tus pasiones define tu vida más que cualquier resultado. Frente a la impaciencia, cultiva la perseverancia; el tiempo dedicado a madurar tus planes vale su peso en oro. No imites la arrogancia; la humildad te permite seguir aprendiendo y creciendo sin las barreras del ego. Cuando otros busquen confrontación, busca el consenso; encontrar puntos en común es un arte que beneficia a todos los involucrados. No permitas que la indiferencia global te quite la capacidad de cuidar; tu preocupación por el mundo es un poderoso agente de cambio. Frente a la resignación, elige la acción; ser proactivo en la búsqueda de soluciones te sitúa como líder en vez de espectador. No dejes que la rigidez de opiniones te cierre a nuevas ideas; estar abierto al cambio es crucial en un mundo en constante evolución.

Cuando te enfrentes a la traición, no cierres tu corazón al futuro; la confianza es un riesgo que vale la pena tomar. No permitas que la agresividad de otros dicte tu comportamiento; la calma y la no violencia son respuestas poderosas. Frente a la deshonestidad, sé un bastión de la verdad; tu compromiso con la autenticidad inspirará a otros a vivir honestamente. No imites la tendencia a juzgar rápidamente; tomar tiempo para entender completamente demuestra sabiduría y empatía. Cuando otros se enfocan solo en sí mismos, extiende tu atención y cuidado hacia aquellos que te rodean; ser altruista amplía tu mundo.

No permitas que la frialdad emocional sea tu respuesta al dolor; expresar y compartir tus sentimientos te cura a ti y a otros. Frente a la desmotivación, encuentra y nutre tu pasión; ella te impulsará a través de la apatía y la inercia. No dejes que la cultura de la prisa te haga descuidar tus relaciones; tomarte el tiempo para conectar profundamente es invaluable. Cuando enfrentes la negatividad, no te sumerjas en ella; mantén una actitud positiva que pueda alterar la atmósfera a tu alrededor. No permitas que la crítica te desanime; úsala como una herramienta para el automejoramiento y la innovación. Frente a la exclusión, crea inclusión; ser un creador de comunidades fortalece las redes sociales y enriquece las vidas. No imites el desinterés por las consecuencias; cada acción tiene un impacto, y considerar su efecto a largo plazo es un signo de responsabilidad. Cuando otros se den por vencidos, encuentra la fortaleza para continuar; tu perseverancia puede ser el aliento que otros necesitan para no rendirse.

No dejes que la hostilidad te vuelva amargo; encuentra la fuerza en la amabilidad, transformando conflictos potenciales en oportunidades para la bondad. Frente al cinismo, mantén tu idealismo; es tu creencia en la posibilidad de un mundo mejor lo que ayudará a crearlo. No permitas que la falta de reconocimiento disminuya tu impulso; celebra tus propios logros y sé tu propio mayor admirador. Cuando te enfrentes al desprecio, responde con dignidad; mantener tu autoestima alta te protegerá de las flechas del menosprecio.

No dejes que la impopularidad de tus ideas te silencie; las voces que a menudo revolucionan son aquellas que al principio se resisten. Frente a la apatía, sé un ejemplo de pasión y compromiso; liderar con entusiasmo puede inspirar a otros a seguirte. No permitas que el entorno negativo te quite la esperanza; ser un portador de optimismo puede iluminar los rincones más oscuros. Cuando otros recurran a la manipulación, opta por la sinceridad; tu claridad y apertura fomentarán relaciones más sanas y transparentes. No imites la falta de cuidado en tus acciones; ser considerado en cada decisión refleja respeto por ti mismo y por los demás. Frente a la injusticia, no seas indiferente; involúcrate activamente en causas que promuevan la equidad y el bienestar común. No dejes que el temor al cambio te paralice; abrazar la incertidumbre puede llevar a descubrimientos y oportunidades insospechadas. Cuando enfrentes la adversidad, no te aísles; buscar y ofrecer apoyo no solo alivia tu carga, sino que también fortalece las conexiones humanas.

DEJA DE DEPENDER DE LOS DEMÁS

En el silencio de tu propia compañía, descubre que la independencia no es soledad, sino libertad. Libérate de la necesidad de aprobación externa; tu propio veredicto es el más crucial. Cultiva tu jardín interior con tal diligencia, que la lluvia de otros no sea necesaria para tu florecimiento. Como el águila que vuela sola, alcanza las alturas con la fuerza de tus propias alas. Encuentra en tu propia voz el eco más dulce, no necesitas la orquesta del mundo para componer la melodía de tu vida. La independencia es un arte; cada pincelada tuya dibuja el camino hacia tu auténtico ser.

Deja que cada decisión brote de tu propio suelo, cultivado con la rica tierra de tu experiencia y sabiduría. En el teatro de la vida, escribe tu propio guion; no seas un actor secundario en la historia de otro. Que tu vida sea un poema, cuyos versos sean escritos con las tintas de tu determinación y pasión. No esperes a que otros iluminen tu camino; lleva tu antorcha y marca el paso hacia tu destino. Como un río que talla su propio cauce, fluye con la fuerza de tu propósito, sin depender de corrientes ajenas. En la quietud de tu mente, encuentra el consejo más sabio; tu introspección es el oráculo más poderoso. No te aferres a las manos extendidas; aprecia el toque, pero recuerda que tus pies pueden llevarte donde desees. Sé el maestro de tu destino, no un espectador en la arena de tu propia vida. Deja de buscar en los mapas de otros; traza tu propia ruta, allí donde tus sueños y realidades se entrelazan. Como el sol que no espera por la luna para brillar, ilumina tu propia existencia. Fortalece tu alma hasta que la soledad se convierta en solitud, un refugio sagrado y no un abismo de miedo. No te conviertas en un eco de las opiniones ajenas; sé una voz original y decidida.

Encuentra en tu propia existencia el sustento y la inspiración; no necesitas ser alimentado por las expectativas de otros. Cada paso que das por ti mismo es una declaración de independencia, un acto de auténtica libertad. Aprecia los consejos, pero no los conviertas en tus cadenas; tu juicio es el timón en el río de tus decisiones. No dejes que el miedo a la soledad te empuje a la multitud; hay un universo dentro de ti esperando ser explorado. La autoconfianza es tu estrella polar; guíate por ella y nunca estarás perdido, incluso en la noche más oscura. Sé el arquitecto de tu felicidad; construye con los materiales de tus propios sueños y esfuerzos.

No dependas de los aplausos para saber que tu obra es buena; el verdadero artista conoce el valor de su arte, sin necesidad de una audiencia. La independencia no significa rechazar la mano amiga, sino saber cuándo y cómo aceptarla sin comprometer tu autonomía. Como el lobo solitario cuyo aullido reverbera en la montaña, deja que tu presencia sea suficiente, completa en su propia resonancia. No busques siempre guías externos; a menudo, el mejor liderazgo viene desde dentro. La verdadera libertad surge cuando dejas de ser prisionero de las expectativas ajenas y comienzas a vivir por las tuyas propias. Como el árbol que se arraiga profundamente, encuentra tu estabilidad en tu propia tierra, nutrida por tus valores y convicciones. No permitas que tu paz dependa del clima emocional de otros; sé el dueño del clima en tu mundo interior. Deja que tu independencia sea como el viento: invisible pero poderosa, capaz de cambiar paisajes con su presencia silenciosa.

No seas una hoja llevada por las corrientes del río de opiniones; sé la piedra que, firme, moldea el agua a su alrededor. Atrévete a caminar solo cuando el camino lo requiera; las huellas más profundas son a menudo las que dejamos solos. No dependas de los espejos de otros para ver tu verdadero reflejo; tu autoconocimiento es el reflejo más claro. La autodependencia es un jardín cuyos frutos son la autoestima, el respeto propio y la paz interior. No te ancles a los puertos seguros de la opinión ajena; navega hacia los mares abiertos de tu propia aventura. Como el pájaro que construye su nido rama a rama, construye tu vida con los recursos de tu propio ser.

No seas prisionero de la aprobación; la libertad es el premio para aquellos que siguen su propio camino con convicción. Deja de buscar constantemente el consejo externo; consulta primero el oráculo de tu intuición. Que tu vida no sea una serie de reacciones a otros, sino una proactiva melodía compuesta por tus propias decisiones. No dejes que tu valor sea determinado por cómo te ven otros; conócete a ti mismo, y tu autovaloración será inquebrantable. En la orquesta de la vida, no dependas siempre del director; a veces, la música más hermosa surge cuando tocas solo. Sé dueño de tus emociones; no permitas que sean manipuladas por las circunstancias o las personas a tu alrededor. Encuentra en ti mismo las raíces de tu fortaleza; ellas te sostendrán incluso en las tormentas más feroces. No busques siempre un guía; a veces, el mejor camino se revela cuando nos atrevemos a caminar sin dirección predeterminada. Como el marinero que aprende a navegar solo, aprende a confiar en tu propia brújula interna para guiarte a través de la vida.

La autosuficiencia no es aislamiento, es la realización de que eres completo con o sin la compañía de otros. No permitas que tu sentido de identidad dependa de la presencia o la percepción de otros; eres tu propia definición. Aléjate de la sombra de la dependencia y camina hacia la luz de la autonomía; solo allí encontrarás tu verdadero yo. Camina solo y encontrarás tesoros en tu soledad que la multitud nunca podría ofrecerte. Fortalece tu alma hasta que no necesite la aprobación externa para sentirse válida y valorada. Sé el capitán de tu alma y el maestro de tu destino; no dejes que otros tomen el timón de tu vida.

Encuentra el equilibrio en tu propia compañía; es allí donde el ruido del mundo se apaga y la voz interna se vuelve clara. Cultiva la autarquía emocional; tu corazón no debe ser un vasallo de las opiniones y emociones de los demás. Como el árbol que crece robusto y solitario en la cima de la montaña, halla tu fuerza en la independencia. No seas un reflejo de los deseos de otros; brilla con luz propia y sigue tu propio camino iluminado. No permitas que tus decisiones sean dictadas por el miedo al juicio; la verdadera libertad está en actuar según tu conciencia. No te encadenes a las expectativas ajenas; rompe esas cadenas y experimenta la verdadera expansión de tu ser. En el silencio de tu serenidad, aprende a escuchar la sabiduría de tu intuición que susurra los secretos de la vida. No busques constantemente guías externos; la sabiduría que necesitas ya está sembrada en el jardín de tu alma. Sé el héroe de tu propia historia, no un personaje secundario en el drama de alguien más.

No dejes que tu felicidad dependa de la presencia o ausencia de otros; ella debe nacer y florecer desde dentro. Como el sol que no espera reconocimiento para brillar, ofrece tu luz y calor independientemente de los aplausos. No te conviertas en prisionero de la validación externa; la libertad verdadera es saber que eres suficiente tal como eres. Encuentra el coraje para ser autónomo; es en la valentía de vivir auténticamente donde descubrimos nuestra verdadera fuerza. No dependas de otros para definir tu valor; eres una obra maestra en constante evolución, más allá de la crítica superficial.

Como el navegante solitario, aprende a disfrutar la majestuosidad de navegar por las aguas de la vida, guiado por tus estrellas. Fortalécete en la independencia como el roble que se arraiga profundamente, inamovible ante las tormentas de la duda y la dependencia. No te sumerjas en las corrientes que buscan llevarte donde otros desean; nada contra la corriente hacia los mares de tu propia elección. Como el artista frente a un lienzo en blanco, dibuja los contornos de tu vida sin la necesidad de una mano guiadora. Deja que tu autenticidad sea tu brújula, guiándote a través de los desiertos de la dependencia hacia los oasis de la autorrealización. No seas un eco de las ideas de otros; sé una voz que canta su propia melodía única y memorable. La autosuficiencia no es solo un acto de sobrevivir, sino de prosperar; cultiva tu jardín interno hasta que florezca exuberantemente. No permitas que tu paz dependa del caos o la calma de otros; encuentra el lago tranquilo de tu paz interior, imperturbable y sereno. No navegues por la vida amarrado al muelle de la aprobación ajena; zarpa hacia horizontes donde tu espíritu puede volar libre.

Como el lobo solitario que encuentra su camino en el bosque, aprende a confiar en tus instintos y a caminar tus propios senderos. Deja de construir puentes hacia otros y construye un castillo para ti; que sea fuerte, autosuficiente y majestuoso. No esperes a que otros te levanten; levántate y camina solo, pues cada paso te enseña más sobre ti mismo que cualquier compañía. Encuentra en la independencia no un desafío, sino una bienvenida al despertar de tu potencial completo. No dejes que tu voz se diluya en el coro de opiniones ajenas; canta solo si es necesario, y deja que tu canción resuene clara y fuertemente.

No seas prisionero del miedo a la soledad; abraza la solitud como una oportunidad para el crecimiento y la reflexión. La autosuficiencia no es un regalo, sino una habilidad que se cultiva con paciencia y determinación, día tras día. No te aferres a las relaciones por temor a la independencia; el verdadero vínculo con otros surge cuando no hay necesidad, sino elección. Como el maestro que aprende a aprender por sí mismo, sé tu propio guía, tu propio discípulo, y tu propio sabio. No dejes que la red de seguridad de otros te detenga de volar; a veces, necesitas caer para descubrir que puedes volar. Sé dueño de tus emociones; no permitas que sean manipuladas por las acciones o reacciones de otros. Encuentra en cada decisión la oportunidad de afirmar tu independencia, eligiendo lo que resuena verdaderamente con tu espíritu. No busques el sol en los demás; sé tu propio sol, y brilla con luz suficiente para iluminar tu camino y el de aquellos que eligen caminar contigo. Aprende a disfrutar el silencio de estar solo sin sentirte solitario; en ese silencio, escucha la voz de tu verdadero yo. No dependas de otros para llenar tus espacios vacíos; llena tu vida con pasiones, sueños y aventuras propias.

Como el mar que se basta a sí mismo y abraza las costas que toca, sé suficiente para ti mismo y extiende tu abundancia a otros. No dejes que la inseguridad te haga buscar constantemente compañía; encuentra seguridad en tu propia presencia. No seas un satélite en la órbita de otros; sé un planeta, completo y autosuficiente, trazando tu propio curso en el universo. La dependencia es una cadena que ata; la independencia, alas que liberan. Elige volar hacia la altura de tu potencial.

No busques siempre un salvador en otros; sé el héroe de tu propia historia, luchando y venciendo tus batallas. No permitas que tu bienestar sea rehén de las acciones de otros; cultívalo desde dentro, y será inquebrantable. No seas una sombra que sigue; sé una luz que lidera. En tu autonomía, encuentra la senda hacia la realización. La independencia es la verdadera riqueza; atesórala más que el oro, pues te libera de las cadenas del deseo y la necesidad.

No dejes que tus raíces dependan de terrenos ajenos; planta tu ser en tierra propia, donde puedas crecer alto y fuerte sin restricciones. Encuentra en ti mismo un refugio seguro, un puerto donde siempre puedes regresar sin pedir permiso. Sé el jardinero de tu propio bienestar; cultiva tu felicidad con cada pensamiento, palabra y acción que nace de ti. No te apoyes en los demás como muletas; usa tus propias piernas para mantenerte de pie y caminar hacia adelante. Como la montaña solitaria, resiste el viento y la tormenta con la fortaleza que surge de tu núcleo inquebrantable.

No busques constantemente guías externas; la brújula que necesitas ya late dentro de tu pecho. Sé el escultor de tu destino, tallando con cuidado y precisión la estatua de tu vida, libre de las expectativas ajenas. Como el águila que vuela alto y sola, eleva tu mirada por encima de la multitud para ver horizontes que otros no pueden. No te dejes arrastrar por la corriente de la conformidad; nada contra la marea para alcanzar las orillas de tu autenticidad. Fortalece tus raíces en la tierra de tu propia esencia, para que no te tambalees cuando los vientos del cambio soplen.

Como el lobo que lidera la manada o camina solo, conoce cuándo guiar y cuándo es tiempo de buscar tu propio camino. No permitas que el miedo a la soledad te mantenga en compañías que apagan tu luz interior. Aprende a disfrutar del silencio; en él, escucha las verdades que el mundo ruidoso a menudo oculta. No te afanes por ser parte del coro; a veces, la música más hermosa es la que compones solo. No te ancles a los demás para evitar la deriva; construye tu propio barco, elige tu destino y navega bajo las estrellas que tú eliges. Como el artista frente a un lienzo virgen, pinta tu vida con colores propios, sin seguir la paleta de otro. No dejes que tu paz interior dependa del caos o la calma exterior; tu serenidad debe ser inviolable. Fortalece tu capacidad de ser autónomo, encontrando en cada desafío una lección que te haga más completo y capaz. No busques héroes en otros; encuentra al héroe dentro de ti, esperando ser revelado a través de tus actos de valentía cotidiana. Cultiva la independencia no como un acto de aislamiento, sino como la búsqueda de una libertad que te permita amar y vivir sin barreras.

Como el desierto que florece tras la lluvia, permite que tu espíritu florezca en la soledad, revelando bellezas ocultas. No dependas de los demás para encontrar tu camino; enciende tu propia antorcha y úsala para iluminar tus pasos. Sé el maestro de tu propia clase, aprendiendo cada día cómo ser mejor, más fuerte y sabio por tu cuenta. No te ates a opiniones ajenas; vuela libre como el pájaro que deja atrás los árboles que no le permiten ver el cielo. Encuentra fortaleza en tu autonomía, sabiendo que cada decisión propia es un pilar en el templo de tu vida.

No permitas que la necesidad de compañía te impida disfrutar la compañía de ti mismo. Como el sol que brilla por sí mismo, ilumina tu vida sin esperar que otros enciendan tus lámparas. Sé el autor de tu propia historia, no permitas que otros tomen la pluma y escriban capítulos que no reflejan tu verdad. No te hundas en la sombra de otros; encuentra tu propio lugar al sol y ocúpalo con confianza y orgullo. Aprende a ser tu propio mejor amigo; conoce tus profundidades, tus sombras, tus luces y ama cada parte de ti. No te conviertas en un satélite que gira alrededor de otros mundos; sé un mundo en ti mismo, completo y autosuficiente. Como el navegante que estudia las estrellas para guiarse, estudia tu interior para entender los mapas de tu vida. No dependas de otros para encender tu fuego; lleva siempre contigo el pedernal de la automotivación. No seas una vela que necesita de otra llama para arder; sé el fósforo que enciende su propia luz. Fortalece tu voluntad como el acero en el fuego; que cada desafío te haga más fuerte y resuelto. Como el río que se hace camino a través del paisaje, traza tu propia ruta que nadie más puede fluir por ti. No busques constantemente la aprobación de otros; busca la aceptación en tu propio corazón.

Sé cómo la roca en la corriente; aunque el agua fluya a tu alrededor, mantente firme y seguro en quién eres. No te dejes definir por cómo te ven los demás; define tú mismo quién eres y quién serás. Encuentra en tu soledad un castillo fortificado, no una prisión; desde allí, gobierna el reino de tu vida con sabiduría y justicia. No seas un reflejo del mundo; sé una luz que lo transforma, comenzando por el universo dentro de ti. No te pierdas en el mar de las expectativas ajenas; navega por las aguas de tu propia autenticidad.

Como el pájaro que canta, aunque la aurora aún no rompa, confía en tu voz y en tu canto, pues el amanecer está cerca. No dejes que tu valor dependa del reconocimiento externo; el verdadero valor es el que reconoces en ti mismo cada mañana. No busques un guía en cada encrucijada; aprende a confiar en tu instinto y tu experiencia. Sé dueño de tus emociones, no un esclavo de ellas; maneja tus sentimientos con la habilidad de un maestro artesano. Encuentra la seguridad no en las paredes que otros puedan ofrecerte, sino en el espacio abierto de tu independencia. No dejes que el ruido del mundo ahogue tu voz interior; es en el susurro de tu ser donde yacen las respuestas que buscas. Como el árbol que se sostiene por sí mismo incluso en el bosque más denso, mantén tu individualidad incluso en la multitud. No dependas de otros para llenar tu copa; sé tú quien la llene, y bebe profundamente de la poza de tu propia vida. Fortalece tus propias raíces en lugar de aferrarte a las ramas de otros; así, cuando las tormentas vengan, permanecerás erguido y fuerte.

No te dejes llevar por la corriente de la dependencia; rema con fuerza hacia la autonomía, y descubre los océanos de tu propio potencial. Como el viajero que encuentra su camino en un territorio desconocido, explora el vasto mundo de tu interior con curiosidad y valor. No seas un eco de las ideas de otros; sé una voz que resuena con pensamientos y creencias forjadas en el fuego de tu propia alma. No busques siempre un salvavidas; aprende a nadar en las aguas profundas de la vida, confiando en tu propia fuerza.

Como el pintor ante su lienzo, no dejes que otra mano guíe la tuya; cada pincelada debe ser un testimonio de tu propia visión. No te encadenes a la aprobación de otros; encuentra la llave de tu liberación en la aceptación de tu propio ser. No permitas que tu felicidad dependa de las circunstancias externas; cultiva un jardín de alegría que florezca desde dentro. Sé el rey o la reina de tu propia vida; gobierna tu mundo con la autoridad de quien conoce su propio valor. Como el maestro que camina solo, encuentra en cada paso una lección, en cada aliento, una oportunidad para crecer. No dependas de otros para definir tu éxito; mide tus logros no por lo que otros ven, sino por lo que tú sabes que has superado. No busques siempre refugio en otros; construye tu propia fortaleza, donde la única llave la tienes tú. Aprende a ser suficiente para ti mismo; en esa suficiencia, descubre la verdadera profundidad de tu espíritu. No te aferres a las ruedas de auxilio de las relaciones; aprende a pilotar el vehículo de tu vida en solitario. No seas una sombra en la vida de otros; sé una luz en la tuya, brillando intensamente por derecho propio. No dejes que el temor a estar solo te impida descubrir el poder de tu propia compañía.

Como el héroe de una épica, enfrenta tus batallas solo, sabiendo que cada victoria te define más claramente. No dependas de otros para salvar tu barco en la tormenta; aprende a ser el capitán que navega con seguridad a través de cualquier adversidad. Encuentra el equilibrio en tu soledad, como el águila que encuentra paz en la soledad de los cielos. No busques siempre la dirección de otros; a veces, los caminos no trazados llevan a los descubrimientos más extraordinarios.

Como el sol que se levanta por sí mismo cada mañana, renueva tu propósito diariamente sin esperar que otros enciendan tu fuego. No permitas que tu crecimiento dependa de la poda de otros; crece libre y salvaje, en toda tu gloria natural. Sé tu propio mentor; aprende de tus errores y celebra tus éxitos con la sabiduría de un maestro experimentado. No dejes que la necesidad de compañía eclipse tu capacidad de ser completo por ti mismo. Encuentra fortaleza en la independencia como el rosal que florece solo, pero cuyo aroma atrae al mundo. No te subordines a la voluntad de otros; tu vida es una sinfonía que sólo tú deberías dirigir. Como el poeta que escribe versos en la quietud de la noche, encuentra en tu soledad las palabras más verdaderas y profundas de tu alma. No dependas de la validación externa para conocer tu valor; cada respiración que tomas es un recordatorio de tu merecimiento intrínseco. Sé el creador de tu propia paz, no un buscador de la paz creada por otros.

Aprende a disfrutar de la música de tu propia compañía; puede ser tan dulce como cualquier sinfonía tocada por otros. No dejes que la inseguridad te haga buscar constantemente apoyo; enfréntala con la confianza en tus propias capacidades. Como el jardinero que cuida su jardín, nutre tu espíritu sin esperar que otros traigan el agua. No seas dependiente de las sombras de otros para definir tu luz; brilla con intensidad propia. No busques un guía en cada encrucijada; confía en tus propios pasos para encontrarte el camino. Sé el maestro de tus emociones, no un esclavo de las respuestas de los demás a tus acciones.

No permitas que el miedo a la independencia te mantenga en dependencia; abraza la libertad como el cielo abraza al viento. Encuentra en cada decisión la oportunidad de afirmar tu autonomía, eligiendo lo que resuena con tu espíritu. Sé cómo el pájaro que construye su nido en cualquier lugar, seguro en la habilidad de crear un hogar en cualquier entorno. No te conformes con ser una pieza en el juego de otros; sé el jugador que mueve las piezas en el tablero de su propia vida. No te dejes arrastrar por la corriente de la dependencia; aprende a remar contra ella y descubre las islas de tu propia fortaleza. Como el escultor que ve una figura dentro del mármol, visualiza y luego libera tu mejor yo independiente del bloque de tus circunstancias actuales. No te aferres a las estructuras de apoyo tanto que olvides cómo sostener tu propio peso. No permitas que la presión de conformarte con las expectativas de otros moldee tu vida; moldea tu vida según tu propio diseño. Sé cómo la estrella que, aunque rodeada por la vastedad del espacio, brilla con luz propia y sigue su propio camino a través del cosmos. Encuentra en la autosuficiencia una fuente de poder personal que ningún cambio externo puede amenazar o destruir.

No seas un seguidor de caminos trillados; crea tus propias rutas en la maleza de lo desconocido. Como el alquimista que transforma lo mundano en mágico, transforma tu necesidad de otros en una celebración de tu propia capacidad. No esperes a que otros te muestren lo que es posible; muestra a ti mismo y al mundo lo que puedes hacer. No dejes que la falta de apoyo te detenga; considera cada obstáculo como una oportunidad para fortalecer tu resolución.

Aprende a ser completo solo, y encontrarás que esta completitud es un regalo que puedes ofrecer, sin necesidad, a otros. Sé el escultor de tu destino, tallando con determinación y precisión cada detalle de tu vida sin esperar que otros guíen tu mano. Como el árbol que se nutre desde sus propias raíces, alimenta tu espíritu con la rica tierra de tu experiencia y conocimiento. Encuentra libertad en la autogestión; cada elección hecha por ti mismo es un ladrillo en la fortaleza de tu independencia. No dejes que tu barco navegue a merced de los vientos ajenos; toma el timón firme y guía tu curso con la brújula de tu intuición. Cultiva la autosuficiencia como quien cuida un jardín precioso; cada habilidad aprendida, cada pequeña independencia, florece como una flor hermosa. No busques constantemente un refugio en otros; construye tu propia casa, fuerte y segura, donde la paz y la autosuficiencia residen. Sé el poeta de tu propia vida; no dejes que otros escriban tus versos. Tu pluma, cargada de tu tinta, debe narrar la historia que tú elijas.

Encuentra en tu autonomía no solo la habilidad de estar solo, sino la profunda satisfacción que viene de saberse completo. No te conviertas en una mera sombra en los sueños de otro; persigue los tuyos con vigor y pasión, iluminado por tu luz interior. Como el pájaro que aprende a volar por sí mismo, descubre el poder de tus alas y el cielo se abrirá ante ti con infinitas posibilidades. No permitas que la marea de opiniones ajenas arrastre la arena bajo tus pies; planta firme tus propias convicciones en la tierra de tu ser. Sé el maestro de tu mente; no dejes que las creencias de otros dicten los confines de tu pensamiento o la expansión de tu conciencia.

No dependas de la aprobación externa para sentirte digno; tu valor es inherente, no algo que se mide con aplausos o reconocimientos. Encuentra en la autosuficiencia un refugio seguro contra las tormentas de la incertidumbre y la dependencia. No te aferres a las respuestas de otros como si fueran salvavidas; aprende a nadar en las aguas profundas de la vida con tus propias habilidades. No busques en otros la llave de tu felicidad; ese poder reside en ti, esperando ser descubierto y utilizado. Sé el guardián de tu paz interior; no permitas que las acciones o palabras de otros perturben la calma de tu santuario personal. Como el león que no depende de la manada para cazar, encuentra tu fuerza y valentía internas para enfrentar los desafíos solo. No te dejes atrapar en la red de la expectativa ajena; ser libre es elegir tu propio camino, sin las cadenas de lo convencional. Encuentra en tu soledad una compañía rica y plena; ella te enseña más sobre ti mismo que cualquier multitud podría. No dependas del espejo de otros para ver tu verdadero reflejo; mira dentro de ti, donde reside la imagen más clara y verdadera.

Sé el arquitecto de tu bienestar; construye una vida de contentamiento y satisfacción sin esperar que otros coloquen los cimientos. Encuentra en la autodependencia la melodía de tu vida; baila al ritmo que tú mismo compones, libre y sin restricciones. No dejes que el miedo a la independencia te paralice; abraza la libertad que viene con ser el único responsable de tu vida. Como el solitario águila que planea alto, descubre la majestuosidad de la autosuficiencia y la visión que ofrece la altura.

No seas un satélite, orbitando alrededor de otros; sé un planeta, completo y autosostenido, en el sistema solar de tu existencia. No dejes que las voces de otros ahoguen la tuya; que tu palabra sea la nota dominante que guía la sinfonía de tu vida. Encuentra en cada amanecer una oportunidad para afirmar tu independencia; cada día es una nueva chance para fortalecer tu autonomía. No permitas que la falta de apoyo te desanime; encuentra en ti mismo el soporte y la motivación para seguir adelante. Sé dueño de tus emociones, no un esclavo de las reacciones provocadas por otros; domina el arte de la serenidad interna. Como el artista frente a su lienzo, pinta tu vida con los colores de tu propia elección, no con las tonalidades que otros prefieran. No esperes que otros llenen tus días de significado; sé el creador de tu propio propósito y la fuente de tu propia pasión. Encuentra en la autonomía la llave que abre puertas hacia nuevos horizontes, donde solo tú dictas el curso de tu viaje. No dejes que tu senda sea pavimentada por las expectativas de otros; elige el terreno, el material y la dirección de tu camino. Sé el héroe de tu propia epopeya, no un personaje secundario en la narrativa de alguien más; tu vida merece ser la historia principal.

No busques siempre consejo externo; confía en tu sabiduría interna, ella te guiará fielmente a través de las encrucijadas de la vida. Encuentra fortaleza en la independencia; es un castillo desde donde puedes defender tus valores y tus sueños más eficazmente. No permitas que tu felicidad dependa del clima emocional de otros; crea tu propio clima, favorable y constante, dentro de ti. Sé cómo el río que se abre paso a través del paisaje; determina tu propio curso, superando obstáculos con la fuerza de tu corriente.

No dejes que tu crecimiento sea dictado por otros; nutre tu desarrollo con el abono de tus experiencias y decisiones. Encuentra en la autodeterminación no solo un derecho, sino un gozo; hay una alegría profunda en saberse plenamente capaz. No seas una vela llevada por el viento de las circunstancias; sé el faro que, fijo y seguro, ilumina su propio camino. No permitas que la falta de reconocimiento te robe la certeza de tus logros; valora cada paso que das, porque cada uno es un triunfo. Sé cómo la estrella que brilla por sí misma en la oscuridad del espacio; no necesitas la luz de otros para iluminar tu existencia. Encuentra en la autoconfianza un tesoro que nadie puede arrebatarte; es la joya que adorna a quienes realmente se conocen a sí mismos. No dejes que la incertidumbre te lleve a buscar respuestas constantemente en otros; la respuesta más verdadera a menudo yace dentro. Sé el maestro de tu aprendizaje, el guía de tu camino y el consuelo de tu corazón; en ti reside una multitud.

No dependas de la tierra de otros para sembrar tus sueños; posees en tu interior un suelo fértil, listo para ser cultivado. Encuentra en la autodependencia la puerta hacia la autenticidad; solo siendo fiel a ti mismo, te conviertes en quien realmente eres. No dejes que el deseo de compañía te haga olvidar el valor de la independencia; la soledad elegida es a menudo más rica que la compañía impuesta.

Como el explorador en tierras desconocidas, disfruta la aventura de descubrirte y definirte sin mapas trazados por otros. No permitas que tus pasos sean dirigidos por las huellas de otros; deja tus propias marcas en el camino, únicas y distintivas. Encuentra en la independencia no una carga, sino un regalo; es la libertad de ser completamente tú en un mundo que constantemente intenta moldearte. No seas un reflejo de las expectativas de otros; sé un espejo que refleje tu propia luz y verdad.

NO PIERDAS EL TIEMPO

Aprovecha el instante, pues el tiempo es un río que nunca visita el mismo lugar dos veces. El tiempo es la moneda de tu vida, inviértelo en obras que perduren más allá de tu existencia. Las horas son pétalos en el viento; atrápalos antes de que se pierdan en el olvido. El sabio no pospone; ve cada día como un lienzo para pintar su legado. La procrastinación es el ladrón de las horas, un enemigo silencioso que desfila ante nosotros.

Un momento puede ser una eternidad; vive cada uno como si fuera el reflejo de tu alma. El tiempo dedicado al crecimiento del espíritu nunca es tiempo perdido. Las estrellas no esperan ser admiradas; brillan sin vacilar, enseñanza para no aplazar la vida. Como el sol que no vuelve atrás, avanza firme y sin arrepentimientos. La vida fluye como un río hacia el mar; no dejes que tus días se evaporen sin sentido. El mañana es la excusa de aquellos que no tienen el valor de actuar hoy. Cada minuto es una semilla de eternidad; planta sabiamente.

El tiempo es un fuego que nos moldea; no permitas que sólo queme sin dar forma. El día de hoy es un regalo precioso; desempácalo con alegría y diligencia. En el teatro de la vida, el tiempo es el escenario en el que se despliegan todas las tramas. No dejes que el tiempo se deslice como arena entre tus dedos; cada grano cuenta. Aprende del sol que se pone: cada día es una oportunidad para completar lo inacabado. El tiempo nos escribe una carta cada día; lee con atención y responde con acciones. Cada instante que pasa sin propósito te aleja de tu destino verdadero. Mide tu vida no por las respiraciones, sino por los momentos que te dejan sin aliento. El futuro se construye hoy, ladrillo a ladrillo, momento a momento. No esperes a mañana para sembrar lo que deseas cosechar; el tiempo es fértil ahora. Quien mira atrás demasiado a menudo, camina hacia el futuro de espaldas.

El tiempo es un río que corre, pero tú decides dónde navegar. Cada segundo es una obra de arte en el museo del tiempo; haz que valga la pena ser visto. En el ajedrez de la vida, el tiempo es tu oponente más astuto; juega cada movida con precisión. Las horas son como joyas; no las desperdicies, cada una tiene un valor incalculable. No dejes para mañana las palabras que pueden cambiar una vida hoy. El tiempo es el terreno en el que florecen todas las virtudes; cultívalo con esmero. Como la luna no espera a nadie, vive cada fase de tu vida plenamente y sin demora.

Cada día es un nuevo capítulo en el libro de tu vida; escribe con pasión y claridad. No permitas que el tiempo se evapore como el rocío al amanecer; cada gota cuenta. El mañana es una pizarra incierta; dibuja en ella con los colores de tus acciones presentes. El tiempo es un maestro que no regresa para repetir sus lecciones; aprende rápido y bien. La paciencia es sabia, pero la indecisión es su sombra traicionera. El tiempo perdido es como un río que se desborda; una vez que se va, no puedes recuperarlo. Encuentra la eternidad en cada momento, y el tiempo nunca será tu enemigo. No dejes que tus días se desvanezcan como sombras al atardecer; que cada uno brille. Como el escultor con su mármol, cada segundo es una oportunidad para crear algo hermoso. El tiempo es la tela sobre la que bordamos nuestras vidas; cada puntada cuenta. No permitas que el temor al mañana te robe el presente. Vive cada día como si el tiempo fuera tu aliado, no tu carcelero. La vida no ofrece ensayos; cada momento es una actuación principal. No dejes que el reloj gobierne tu vida; gobierna tú el reloj con sabiduría. El tiempo es como el agua en tus manos; si no lo sostienes con cuidado, se escapa.

La vida es corta, pero los momentos de verdad son eternos. Como el río que nunca toca dos veces la misma piedra, así es nuestro tiempo en la tierra. La sabiduría es saber qué hacer con el tiempo que se te ha dado. No dejes que el ruido del mundo te impida escuchar el tic-tac de tu propio corazón. La vida es el arte de dibujar sin borrar; el tiempo no permite correcciones. Cada amanecer es un nuevo lienzo; pinta tu día con colores de determinación y propósito. El tiempo es el jardín de tus posibilidades; cuida cada brote y cada flor. La urgencia de vivir no acepta demoras; cada momento es precioso.

Como el sol que no retrocede, marcha hacia adelante con luz y fuerza. No hay tesoro más valioso que el tiempo; gástalo con sabiduría. El presente es el único tiempo que realmente posees; úsalo con toda la intensidad de tu ser. No dejes que tus sueños se marchiten en el viñedo del mañana. El tiempo teje historias en el tapiz de la vida; asegúrate de que la tuya sea digna de ser contada. Como el agua que esculpe la piedra, el tiempo moldea el alma; sé consciente de cada gota. Vive como si cada hora fuera un raro y precioso fragmento de jade. La única batalla real es contra el tiempo perdido. No esperes a que el tiempo te revele sus secretos; descúbrelos en cada paso que das. La arena del tiempo se escurre rápido; cada grano es un universo de oportunidades. No permitas que la sombra del ayer oscurezca la luz de hoy. El tiempo es un río que fluye hacia la verdad; nada con determinación hacia su origen. El momento de actuar es ahora, el escenario del mañana es incierto. Como la estrella fugaz, que tu vida brille intensamente, aunque sea breve. Cada tic-tac del reloj es un llamado a la acción; no lo ignores.

El tiempo es el enemigo invisible que se vence con cada acto de coraje. No desperdicies tus días esperando las olas perfectas; nada hacia ellas. El eco del tiempo resuena en las acciones del presente. El futuro es el espejo del ahora; asegúrate de que refleje lo que deseas ver. El presente es tu campo de batalla; lucha en él con honor y valentía. No dejes que el reloj dicte tu valor; tu esencia es eterna.

La espera es un laberinto sin salida; avanza siempre hacia la luz. El tiempo es una melodía que se toca en el presente; no desafines. Los minutos son piedras preciosas en el collar de la vida; cada una añade a tu esplendor. El reloj no perdona; toma cada segundo como un regalo valioso. No permitas que la corriente del tiempo te arrastre sin rumbo. El presente es un pincel en tus manos; dibuja un futuro luminoso. Aprovecha el día, pues cada noche borra las huellas de tus pasos. No dejes que la semilla de hoy se pierda en el viento del mañana. El tiempo es un río en el que puedes navegar, no ahogarte. Encuentra en cada minuto la oportunidad de ser mejor de lo que fuiste. El tiempo no vuelve; cada momento perdido es una estrella que se apaga. No dejes que el miedo a perder tiempo te impida ganar experiencia. La procrastinación es un veneno lento; el antídoto es la acción inmediata. Vive cada día como si fuera un poema escrito por tu alma. El tiempo es un constructor o un destructor; tú eliges el papel que juega en tu vida. Cada hora es una isla en el océano del tiempo; explora cada una con pasión. No dejes que tus minutos se conviertan en fantasmas del pasado.

El tiempo es la moneda del universo; inviértela en lo que realmente importa. Como el viento que modela las montañas, así el tiempo puede modelar tu destino. No dejes para mañana la vida que puedes vivir hoy. Cada momento es un escalón en la escalera de tu evolución. No permitas que el pasado y el futuro secuestren el presente. El tiempo es un libro; cada día escribe una página nueva. La vida es un río de momentos; no permitas que se seque antes de haber navegado sus aguas. Atrapa el día, pues cada noche es un telón que cae. El tiempo es el teatro de tus actos; asegúrate de que cada acto sea memorable.

Cada instante es una puerta hacia la eternidad; ábrela con intención. El tiempo no se recupera; cada minuto es un tesoro que se gasta solo una vez. No permitas que el reloj sea tu carcelero; sé el maestro de tus horas. La verdadera sabiduría reside en reconocer el valor incalculable de un momento. No dejes que la tiranía del 'algún día' gobierne tu vida. Como el río moldea la piedra, el tiempo moldea el alma; moldea la tuya hacia la virtud. Atrapa cada segundo como si fuera un universo entero de posibilidades. El tiempo es el lienzo de la existencia; cada segundo pinta una pincelada de tu historia. No te duermas en los laureles del tiempo; cada momento es una llamada al despertar. Los minutos son monedas en la economía del ser; gasta cada una sabiamente. Vive hoy con la pasión de quien sabe que el tiempo es fugaz. Él ahora es la única realidad; todo lo demás es memoria o especulación. No dejes que tus días sean solo ecos de tiempo perdido. El reloj marca tanto el comienzo como el final; haz que cada tic cuente. La eternidad se esconde en los instantes que vivimos plenamente. El tiempo es un maestro que no admite tardanzas; aprende con diligencia.

No desperdicies el presente soñando con el futuro o lamentando el pasado. Cada momento es una oportunidad para forjar el carácter. El tiempo es la medida del cambio; sé el cambio que quieres ver. La vida se compone de momentos; no los desperdicies en trivialidades. Cada segundo es un acto en el drama de tu vida; actúa con excelencia. No permitas que el tiempo se evapore en preocupaciones y miedos. Vive cada día como si fuera una obra maestra de tu propia creación. El tiempo es un fuego; puede iluminar o consumir, la elección es tuya. Cada minuto es una piedra en el mosaico de tu vida; colócalo con precisión.

No esperes a que el tiempo te cure; la cura está en vivir plenamente ahora. El reloj no espera; cada tic-tac es una invitación a la acción. Vive cada hora con un corazón intrépido y un espíritu indomable. No dejes que tus días se deslicen en la sombra de la inacción. La arena del tiempo fluye rápido; cada grano es precioso. El presente es el único tiempo que puedes moldear. No permitas que el tiempo se convierta en tu enemigo; hazlo tu aliado. Cada instante que pasa es una nota en la sinfonía de tu vida; haz que suene sublime. El tiempo perdido no regresa; vive de manera que no haya nada que lamentar. Cada día es una nueva oportunidad para dejar tu huella en el tiempo. No dejes que el pasado te robe el presente; vive aquí y ahora. El tiempo es un río que fluye hacia el mar de la eternidad; navega sabiamente. Aprovecha el momento, pues cada uno contiene la esencia de la vida. No esperes a que el tiempo te diga quién eres; decídelo en cada momento que vives.

El reloj es solo un guardián; tú eres el maestro de tus momentos. No dejes que la ilusión del tiempo te desvíe del camino de la acción. Cada minuto es un regalo; desempácalo con gratitud y alegría. Vive cada día como si fuera una página en el libro sagrado de tu vida. No permitas que el susurro del tiempo se convierta en un rugido de arrepentimiento. El presente es un fuego ardiendo; no lo extingas con la indiferencia. El tiempo es una bestia salvaje; domínalo con la fuerza de tu voluntad. Cada segundo es una semilla de futuro; siémbrala con esperanza y visión. No dejes que el tiempo te lleve; guía tú el curso de tus días.

El tiempo es un río que corre hacia la verdad; bebe de su sabiduría. Vive con la certeza de que cada momento es una oportunidad para elevarse. El tiempo no cura todo; solo la acción intencionada lo hace. No permitas que el tic-tac del reloj gobierne tu alma; tú eres eterno. El tiempo es un tejedor de sueños y realidades; asegúrate de que teje belleza. No dejes que el presente se escape mientras miras hacia otro lado. Cada hora es una historia que contar; que la tuya sea inspiradora. El tiempo es un juez imparcial; vive de tal manera que tu veredicto sea favorable. No permitas que el pasado consuma el tiempo que tienes para el presente. Cada minuto es un peldaño hacia la grandeza; asciende con determinación. No desperdicies el regalo del tiempo lamentando lo que pudo haber sido. El tiempo es un espejo que refleja tus elecciones; que refleje sabiduría. Vive cada instante con la intensidad de quien conoce su valor. No dejes que la rutina opaque los colores vibrantes del tiempo. Cada segundo es un lienzo en blanco; pinta un futuro brillante. El tiempo es un río de posibilidades; pesca las oportunidades que flotan hacia ti.

No permitas que tus días se llenen de vacío mientras el tiempo fluye. El tiempo es la música del universo; baila al ritmo de tus sueños. Vive como si cada tic-tac fuera un paso hacia tu destino. No permitas que el tiempo se convierta en tu carga; úsalo para construir puentes hacia tus metas. Cada momento es un tesoro escondido; descúbrelo con pasión. No dejes que el tiempo te defina; define tú el valor de cada momento. El tiempo es un maestro severo; sus lecciones son valiosas, aprende bien.

No esperes a que el futuro se convierta en pasado para valorar el presente. Cada día es una oportunidad para moldear el tiempo a tu favor. No dejes que el reloj sea tu único guía; el corazón también sabe medir el tiempo. El tiempo es un campo de batalla; lucha por cada momento con valor. No permitas que el tiempo se deslice como agua entre los dedos; atrápalo con ambición. Vive cada hora con la certeza de que el tiempo es tu aliado más precioso. El tiempo es un regalo envuelto en el ahora; ábrelo con reverencia. No dejes que tus minutos se conviertan en solo recuerdos; haz que sean vivencias. El tiempo es el hilo con el que se teje la vida; asegúrate de que cada trama sea fuerte y hermosa. No dejes que el tiempo pase sin dejar huella en el mundo. Vive cada día como si el tiempo fuera un río que refresca y renueva. No esperes a que el tiempo te resuelva los problemas; toma la iniciativa. Cada momento es una oportunidad para brillar; no dejes que el tiempo te eclipse. No permitas que el paso del tiempo te quite la esencia de vivir. El tiempo es un narrador de historias; asegúrate de que la tuya sea épica. No dejes que el reloj dicte tu destino; toma las riendas de cada minuto.

El tiempo es un viaje; cada paso es importante en el mapa de tu vida. No dejes que el tiempo se convierta en un enemigo; hazlo tu compañero en el camino hacia la grandeza. Cada tic-tac es un eco del infinito; vive en armonía con el cosmos. No desperdicies el presente esperando un futuro incierto; el tiempo es ahora. Cada segundo es valioso; trátalo como una joya rara. El tiempo es un maestro que nunca se repite; cada lección es única. No dejes que el reloj te controle; controla tú cómo se mueven tus agujas.

Vive cada día como si el tiempo fuera un poema que estás escribiendo. No permitas que el tiempo se convierta en un río perdido; navega con propósito. Cada momento es un regalo del universo; ábrelo con gratitud. No dejes que el tiempo te robe la posibilidad de ser quien quieres ser. El tiempo es un lienzo infinito; pinta tu vida con los colores de tus sueños. Vive cada instante con la pasión de quien entiende que el tiempo es la esencia misma de la vida. El tiempo es una brisa que no regresa; navega con ella, no contra ella. No dejes que la quietud del momento te detenga; cada segundo pulsa con vida. El tiempo es un artista; permite que esculpa en ti una obra maestra. Vive cada día como si fuera un precioso grano de arena en la eternidad. No permitas que el reloj gobierne tu espíritu; gobierna tú tus momentos. Cada instante es una puerta hacia lo infinito; cruza con audacia. No dejes que el susurro del tiempo se pierda en el ruido del día a día.

El tiempo es un río de fuego; que no te consuma, que te ilumine. Cada momento es una estrella en el cosmos de tu vida; haz que brille. No esperes que el tiempo te traiga respuestas; busca en sus profundidades. Vive con la intensidad de quien sabe que el tiempo es oro incandescente. No dejes que el reloj marque tu ritmo; danza a tu propia melodía. El tiempo es un tejedor; cada hilo cuenta en el tapiz de tu existencia. Cada segundo es un susurro del universo; escucha con atención. No permitas que el fluir del tiempo te arrastre sin rumbo; rema con propósito. Vive cada hora como si fuera un capítulo único en la epopeya de tu vida. No dejes que tus días se evaporen en la neblina del olvido.

El tiempo es una llama; no la dejes extinguir sin haber brillado. Cada minuto es un acto de magia en el teatro del universo. No esperes a que el tiempo se convierta en piedra; moldea tu destino ahora. Vive con la certeza de que cada tic-tac es una semilla de infinito. No dejes que el tiempo sea solo un observador; hazlo participante de tu historia. El tiempo es un mural; pinta en él con los colores vibrantes de tu pasión. Cada momento es un puente entre el ahora y la eternidad; crúzalo con valentía. No permitas que el tiempo se convierta en un laberinto donde te pierdas. Vive cada día como si fuera una nota en la sinfonía de la eternidad. No dejes que tus minutos se disuelvan en el vacío; llénalos de acción. El tiempo es un canto; que cada palabra que pronuncies sea una nota clara. Cada segundo es un lienzo para el pintor del destino; sé audaz con tus pinceladas. No esperes a que el tiempo te redima; redímete en cada instante. Vive con la fuerza de quien comprende que el tiempo es un río caudaloso. No dejes que el reloj dicte el fin; cada conclusión es un nuevo comienzo.

El tiempo es un escultor; cada día modela un poco más de tu estatua final. Cada hora es una semilla de lo que podrás ser; cultívala con amor. No permitas que el tiempo se filtre entre tus dedos sin haber sentido su flujo. Vive cada momento como si fuera el eco de un antiguo tambor llamando a la batalla. No dejes que tus días sean arrastrados por la corriente del conformismo. El tiempo es un baile; cada paso, cada vuelta, cuenta en la coreografía de tu vida. Cada minuto es una respiración del alma; inhala profundidad, exhala propósito.

No esperes a que el tiempo cure todas las heridas; algunas deben sanar en movimiento. Vive con la claridad de quien ve cada segundo como un diamante en bruto. No dejes que el tic-tac del reloj se convierta en el latido de tu corazón. El tiempo es un poeta; cada instante es un verso en el poema de tu vida. Cada hora es un regalo; no lo desprecies con negligencia. No permitas que el paso del tiempo empañe la claridad de tu visión. Vive cada día como si el tiempo fuera una canción y tú su más apasionado cantor. No dejes que tus momentos se consuman en la hoguera de la indecisión. El tiempo es un maestro que enseña sin palabras; aprende de su sabiduría silenciosa. Cada segundo es una oportunidad para rebelarte contra la mediocridad. No esperes a que el tiempo te entregue sus frutos; cultiva tu jardín cada día.

ENCIENDE TU LLAMA INTERIOR

Enciende la llama interior que guía tu espíritu; que su luz sea tu constante compañera en la oscuridad. Como el fuego que no se rinde ante la noche, que tu corazón arda con una pasión que no conoce sombras. Dentro de ti reside una chispa divina; aliméntala con tus sueños más valientes. La llama interior es tu fuerza más grande; no la dejes extinguir por los vientos adversos de la vida.

Encuentra el combustible de tu alma en las virtudes que cultivas día a día. Que tu pasión sea el fuego que ilumina tu camino y guía a otros en su oscuridad. En el corazón de tu ser, existe una luz inextinguible; que cada acción que realices la haga brillar más fuerte. No dejes que la rutina apague la llama que baila en el núcleo de tu espíritu. Como el sol que se levanta cada mañana, renueva diariamente el fuego de tu voluntad. Tu llama interior es tu guía a través del laberinto de la existencia; síguela con fe.

Que la pasión sea el viento que avive la llama de tus días, llevándote a alturas inexploradas. No dejes que los días grises sofocan la chispa de tu entusiasmo y creatividad. Enciende tu llama con la madera de tus experiencias, dejando que su calor te transforme. En la forja de tu mente, que el calor de tu pasión moldee tu carácter. La llama que arde dentro de ti es un testimonio de tu esencia y tu destino; no la ocultes al mundo. Cada día ofrece leña para el fuego de tu alma; úsala para encender nuevos sueños. Que tu pasión sea como un faro que desafía las tormentas, siempre firme, siempre brillante. No permitas que el miedo sea el viento que apague tu llama; enfréntalo con el aliento de tu coraje. La llama de tu interior es el espejo de tus aspiraciones más altas; refleja lo que anhelas ser. Que el fuego de tu voluntad arda tan brillante que no pueda ser ignorado.

Cuida la llama de tu espíritu con la misma diligencia con la que el sabio guarda su sabiduría. En el silencio de tu interior, escucha el crujir de la leña que alimenta tu fuego personal. No busques fuera lo que arde dentro; la fuente de tu poder y tu pasión ya reside en ti. Deja que el calor de tu determinación derrita los obstáculos que el destino coloca en tu camino. La llama que nutres en tu interior puede iluminar el mundo entero. Encuentra en cada amanecer una oportunidad para avivar la chispa de tu esencia. Que tu espíritu arda con una claridad que no se empaña con las dudas. Aliméntate de las grandes obras y pensamientos; que sean el combustible de tu llama interna.

No escondas tu luz; el mundo necesita el brillo de tu llama. Cada desafío es una chispa que puede encender una gran hoguera en tu alma. La pasión es el fuego que transforma el trabajo en arte y la existencia en vida. No dejes que el desaliento sople frío sobre la llama de tus aspiraciones. Como el fuego que purifica, que tu pasión limpie tu vida de impurezas. Enciende tu llama con cada acto de amor y bondad que realizas. No te conformes con chispas; busca arder con una llama magnífica. La llama de la curiosidad es el inicio del fuego de la sabiduría. Que el calor de tu determinación sea suficiente para mantener encendido el fuego de tus sueños. No permitas que la crítica ajena extinga la llama que baila en tu pecho. En cada respiración, aviva la hoguera de tu fuerza interna. La vida es el oxígeno que puede hacer que tu fuego interno arda con vigor. No dejes que la soledad apague tu fuego; que cada estrella en el cielo ilumine tu pasión.

Enciende tu llama y encontrarás el camino incluso en la noche más oscura. Que el fuego de tu espíritu consuma los miedos y las dudas que te acechan. Tu llama interior es la verdadera luz; todo lo demás son solo sombras. Como el fuego que se eleva libre, que tu pasión te eleve por encima de las trivialidades. Enciende tu llama y deja que sea un símbolo de tu lucha y tu victoria. Que el fuego de tu alma ilumine los caminos cerrados y los senderos ocultos. No dejes que las adversidades apaguen tu llama; que cada prueba la haga más fuerte. La llama de la vida es breve; no la desperdicies en vacilaciones y temores.

Que el ardor de tu pasión inspire a otros a encender sus propias llamas. En el centro de tu ser, hay un fuego que espera ser avivado por tu gran visión. No permitas que el invierno del descontento apague el calor de tu espíritu. Cada pequeña chispa tiene el potencial de encender una gran llama; no subestimes tus inicios. Que tu pasión sea tan contagiosa que encienda el mundo alrededor de ti. Encuentra en cada puesta de sol el recuerdo de mantener viva tu llama. No escondas tu fuego; deja que su luz disipe las sombras de la duda. Que la llama de tu determinación arda con tanta fuerza que no pueda ser confinada. No dejes que el tedio apague el brillo en tus ojos; que tu pasión renueve cada día. Enciende la llama de la esperanza en ti y en aquellos a tu alrededor. Cada acto de coraje es un soplo que aviva tu fuego interior. No permitas que la indiferencia del mundo extinga el calor de tu compromiso. Que el fuego de tu creatividad arda sin control, iluminando nuevos caminos. En la quietud de la noche, que la llama de tu introspección brille intensamente. No permitas que el paso del tiempo reduzca la llama de tu entusiasmo.

Encuentra en cada desafío una chispa para tu fuego interior. Que la llama de tu vida no sea solo un destello, sino un faro persistente. No permitas que las preocupaciones cotidianas sofocan el fuego de tus más grandes aspiraciones. Que el calor de tu amor propio sea suficiente para mantener encendida tu llama en los días fríos. En cada decisión, elige avivar la llama de tu propósito. No dejes que la comodidad te robe el calor de la lucha y el crecimiento. La llama de tu alma necesita aire fresco; no te encierres en viejos patrones y creencias.

Que el brillo de tu pasión sea visible en cada palabra y en cada silencio. No permitas que la derrota temporal apague el fuego de tu resiliencia. Cada nueva idea es una chispa; cuida que no se pierda en la oscuridad del olvido. Que el fuego de tu integridad arda tan claro y fuerte que otros encuentren el camino. No dejes que la incertidumbre te haga temblar; aviva tu llama con la certeza de tu valor. Enciende tu fuego con la sabiduría de los antiguos y la curiosidad de los jóvenes. No permitas que el escepticismo de otros ahogue el resplandor de tu convicción. Que cada amanecer sea un recordatorio para mantener viva la llama de tus promesas. No dejes que tus días sean consumidos sin que el calor de tu pasión los haya tocado. Enciende tu llama y usa su luz para leer el libro de tu propia vida. Que la chispa de tu creatividad encienda fuegos de innovación y cambio. En el silencio de tus reflexiones, que el fuego de tu entendimiento arda con claridad. No dejes que la frialdad del desánimo enfríe el calor de tu ánimo. Que tu pasión sea un fuego que no solo ilumina, sino que también calienta a quienes se acercan.

Cada paso hacia adelante es un soplo que aviva la llama de tu futuro. No permitas que la soledad apague tu luz; encuéntrate a ti mismo en el resplandor de tu llama. Que el fuego de tu lucha sea la luz que disipa las sombras de la adversidad. Enciende tu llama con la belleza de las artes, la profundidad de la filosofía y la pureza de la verdad. No dejes que la rutina sea la ceniza que cubre el ardor de tu espíritu. Que el calor de tu presencia sea un refugio para los corazones fríos. En cada acto de bondad, aviva la llama que une a la humanidad. No permitas que el cansancio ahogue el brillo de tu determinación. Que la llama de tu curiosidad ilumine los rincones oscuros del conocimiento.

Enciende tu fuego con el oxígeno de la esperanza y el combustible de la perseverancia. No dejes que la crítica extinga la llama de tu autoexpresión. Que tu pasión sea un incendio que no puede ser contenido ni controlado. En cada momento de duda, recuerda el fuego que una vez ardió claro y fuerte dentro de ti. No permitas que la complacencia te deje frío; enciende continuamente nuevas llamas de desafío y crecimiento. Que el fuego de tu vida sea un testimonio del poder infinito de una llama bien alimentada. Que el fuego de tu determinación ilumine los caminos menos recorridos. No dejes que la apatía apague el resplandor que define tu esencia. Enciende tu llama interior con la pasión de tus convicciones y la luz de tu sabiduría. Que cada obstáculo sea el chispazo que encienda una nueva fuerza dentro de ti. No permitas que las tormentas de la vida sofocan la chispa de tu esperanza. Que el fuego de tu alma se alimente con la grandeza de tus sueños.

Cada momento de inspiración es una brasa que puede avivar tu llama interior. No dejes que el conformismo te deje en la oscuridad; busca siempre la luz de la mejora. Enciende tu llama con cada acto de valentía y cada decisión audaz. Que tu fuego interior sea un faro en la noche para aquellos que han perdido el camino. No permitas que la frialdad del rechazo apague la cálida aceptación de ti mismo. Que el calor de tu pasión derrita las cadenas del miedo que te atan. Cada desafío aceptado es un soplo que aviva las llamas de tu crecimiento. No dejes que la sombra de la duda eclipse la luz de tu certeza.

Enciende tu llama interior con la firmeza de tu propósito y la claridad de tus ideales. Que el fuego de tu determinación sea lo suficientemente fuerte para resistir los vientos de la adversidad. No permitas que el cansancio apague el ardor de tu esfuerzo continuo. Que la luz de tu integridad brille más clara en los tiempos de prueba. Enciende tu espíritu con la chispa de la creatividad y el combustible de la innovación. No dejes que la rutina ahogue el fuego de tu curiosidad y deseo de aprender. Que el fuego de tu pasión sea un testimonio ardiente de tu compromiso con la excelencia. No permitas que el silencio de los demás apague el ruido de tu propia voz interior. Que cada acto de amor propio sea un leño que alimente tu fuego interno. Enciende tu llama con la sabiduría que surge de la reflexión y el autoconocimiento. No dejes que el frío de la soledad apague el calor de tu conexión con los demás. Que el fuego de tu visión inspire a otros a encender sus propias llamas. Cada palabra de aliento que das es un soplido que aviva las llamas del otro. No permitas que la humedad de la tristeza apague el brillo de tu alegría. Enciende tu llama con cada pequeña victoria y cada logro.

Que tu fuego interior resista las lluvias de la crítica y las tormentas del juicio. No dejes que el peso del pasado apague la llama de tu futuro. Que el calor de tu coraje sea siempre suficiente para mantener encendida tu esperanza. Cada inspiración es un soplo de aire fresco para el fuego de tu alma. No permitas que la indiferencia mundial apague la intensidad de tu compromiso personal. Enciende tu llama con la perseverancia de quien no se rinde ante la adversidad. Que la luz de tu pasión ilumine los rincones más oscuros de tu mente y corazón.

No dejes que la monotonía de la vida cotidiana extinga el fuego de tu aventura. Que el fuego de tu creatividad arda con una chispa que no puede ser contenida. Cada acto de perdón es un fuego purificador que renueva tu espíritu. No permitas que el viento de la incertidumbre apague la llama de tu decisión. Enciende tu llama con el oxígeno de la libertad y la respiración de la independencia. Que el calor de tu amistad sea un refugio seguro contra el frío del aislamiento. No dejes que el temor a lo desconocido apague el resplandor de tu curiosidad. Que tu llama interior sea alimentada por las historias de aquellos que te inspiran. Cada elección que haces es un fósforo que puede encender un gran fuego. No permitas que la brevedad de la vida apague la intensidad con la que vives cada día. Enciende tu llama con la pasión de quien entiende el valor de cada momento. Que el fuego de tu esfuerzo ilumine el camino hacia tus más altos ideales. No dejes que la falta de recursos apague la inventiva de tu ingenio. Que el calor de tu entusiasmo sea contagioso, encendiendo a todos los que te rodean.

Cada deseo cumplido es un leño que mantiene viva la llama de tus sueños. No permitas que la distancia o el tiempo apaguen el fuego de tus relaciones. Enciende tu llama con la constancia de quien sabe que el tiempo es un aliado. Que el brillo de tu diligencia disipe las sombras de la procrastinación. No dejes que la complejidad del mundo apague la simplicidad de tu alegría. Que el fuego de tu vida sea un cálido hogar para los corazones necesitados. Cada momento de honestidad es un soplido que aviva la llama de tu integridad.

No permitas que la frialdad de los cálculos apague el calor de tus emociones. Enciende tu llama con la belleza de lo que amas, y deja que eso te guíe. Que el fuego de tu tenacidad arda con la fuerza de mil soles. No dejes que la decepción sea una lluvia que apague tu llama de esperanza. Que la intensidad de tu vida sea una luz que nunca se extingue. Cada acto de compasión es una chispa que ilumina la oscuridad de la desesperación. No permitas que la rutina ahogue el fuego de tu anhelo por explorar.

Enciende tu llama con la riqueza de tus experiencias y el valor de tus lecciones aprendidas. Que la pasión de tu corazón sea un incendio que no puede ser apagado. No dejes que los contratiempos apaguen el fuego de tu resolución. Que el calor de tu presencia sea un bálsamo para los espíritus fríos. Cada sueño que persigues es un fósforo que enciende la esperanza de lo posible. No permitas que la desilusión te lleve a un estado frío de apatía. Enciende tu llama con la claridad de tus objetivos y la profundidad de tu entendimiento.

Que el fuego de tu alma sea un testimonio del infinito poder de la voluntad humana. No dejes que el cansancio sea la ceniza que cubre tu vitalidad. Que el fuego de tu compromiso con la verdad arda siempre claro y sin humo. Cada palabra de verdad que pronuncias es una chispa en la oscuridad de la ignorancia. No permitas que la velocidad de la vida moderna apague la llama de tu reflexión. Enciende tu llama con el fuego de la autenticidad, y nunca te escondas detrás de máscaras. Que el calor de tu lucha inspire a otros a no temer a sus propias batallas. No dejes que el desánimo apague el fuego de tu ambición.

Que la luz de tu determinación sea tan brillante que otros no puedan mirarla sin ser afectados. Cada paso hacia adelante es un soplido que aviva las llamas de tu progreso. No permitas que la confusión del mundo apague la claridad de tu llama interior. Enciende tu llama con el coraje de desafiar lo que te dicen que no puedes hacer. Que el fuego de tu pasión por la vida sea inextinguible. No dejes que la indiferencia del entorno apague el calor de tu empatía. Que el ardor de tus convicciones ilumine las sombras de la duda.

Cada risa compartida es un soplido que aviva el fuego de la felicidad. No permitas que la solemnidad del deber apague la llama de tu diversión. Enciende tu llama con el deseo de hacer del mundo un lugar más brillante. Que el fuego de tu curiosidad te lleve a descubrir nuevos horizontes. No dejes que la monotonía apague la chispa de tu espíritu aventurero. Que el calor de tu amor por los demás sea un constante recordatorio de tu humanidad. Cada momento de perseverancia es un leño que alimenta el fuego de tu éxito. No permitas que la frialdad de la crítica apague el calor de tu autoaceptación.

Enciende tu llama con la energía de tus aspiraciones y el oxígeno de tus esperanzas. Que el fuego de tu espíritu sea tan vibrante que ilumine incluso tus días más oscuros. No dejes que el peso de la realidad apague la llama de tus sueños. Que el ardor de tu lucha sea el calor que conforta a los que te rodean. Cada acto de generosidad es una chispa que puede encender un incendio de bondad. No permitas que la brevedad de la existencia apague la intensidad con la que vives cada instante. Que el fuego de tu vida sea un cálido abrazo para el alma errante. Enciende tu llama con la fuerza de tu verdad, brillando con luz propia.

Que cada nuevo conocimiento sea una chispa que alimente el fuego de tu curiosidad. No dejes que la quietud de la complacencia apague la llama de tu impulso creador. Que la luz de tu fe en ti mismo ilumine los caminos oscuros del miedo. Enciende tu espíritu con la pasión de vivir cada día como si fuera único. No permitas que la adversidad robe el calor de tu resiliencia. Que el fuego de tu compromiso con la mejora sea inquebrantable. Cada paso que das hacia tus sueños es un soplo que aviva tu fuego interno. No dejes que el frío del rechazo congele la llama de tu autoestima. Enciende tu llama con cada palabra de aliento que escuchas y ofreces. Que el fuego de tu creatividad convierta los obstáculos en oportunidades. No permitas que el desaliento apague la chispa de tu entusiasmo. Que la luz de tu pasión sea un faro que guíe a otros en su oscuridad. Enciende tu fuego con la determinación de superar cada desafío. No dejes que la bruma de la incertidumbre oscurezca el brillo de tus certezas. Que el calor de tu amor ilumine los corazones de aquellos que te rodean.

Cada gesto de bondad es un leño que alimenta la hoguera de tu humanidad. No permitas que el viento de la crítica apague las llamas de tu arte. Enciende tu llama con el oxígeno de la esperanza y el combustible de la fe. Que el fuego de tu lucha sea siempre más fuerte que el hielo de la apatía. No dejes que la oscuridad de la tristeza eclipse la luz de tu alegría. Enciende tu espíritu con la belleza de cada pequeño detalle que la vida ofrece. Que cada desafío sea un chispazo para encender tu resolución.

No permitas que la frialdad del egoísmo apague el calor de tu generosidad. Enciende tu llama con el deseo de alcanzar estrellas, incluso en la noche más oscura. Que el fuego de tu espíritu sea un testimonio vivo de tu pasión por la excelencia. No dejes que la lluvia de las preocupaciones apague la hoguera de tus planes. Cada sonrisa es un soplo que aviva la llama de tu felicidad. Enciende tu fuego con el coraje de enfrentar y transformar tus miedos. Que el calor de tu presencia sea un consuelo en el frío de la adversidad.

No permitas que el tedio de la cotidianidad apague la chispa de tu imaginación. Que la luz de tu integridad brille intensamente en el crepúsculo de la deshonestidad. Enciende tu llama con cada acto de perseverancia, fortaleciendo tu espíritu. No dejes que el miedo a fallar apague el fuego de tus intentos. Que el fuego de tu visión ilumine el camino para aquellos que siguen tus pasos. Cada palabra de verdad que pronuncias es una chispa en la oscuridad de la ignorancia.

Enciende tu llama con la pasión de quien no se conforma con menos que cambiar el mundo. Que el calor de tu lucha sea el horno en el que se forjan tus mayores logros. No permitas que la frialdad de la soledad apague el calor de tu conexión humana. Enciende tu fuego con la determinación de ser un faro de esperanza y cambio. Que la luz de tu sabiduría disipe las sombras de la duda en aquellos que te rodean. No dejes que la ceniza del pasado cubra la llama de tu futuro. Enciende tu llama con el fuego del amor propio, que nunca debe extinguirse. Que cada acto de valentía sea el combustible para la hoguera de tu coraje.

No permitas que la noche del desánimo oculte las estrellas de tus sueños. Enciende tu espíritu con la chispa de un deseo ardiente de vivir auténticamente. Que el calor de tu entusiasmo derrita el hielo de la indiferencia. No dejes que la distancia emocional apague la llama de tus relaciones. Que tu llama interior brille siempre, iluminando tanto tus días como tus noches. Al alimentar la llama dentro de ti, que encuentres en su calor la fuerza para enfrentar cada desafío y en su luz la guía hacia tu verdadero propósito.